소통

Prologue

소통의 문을 열면서...

사랑하는 아내와 딸들,
그리고 20여년 한결같이 함께하는
청춘 제자들과의 소통...
나 자신과의 소통...
매일 아침 눈 뜨면 기도와 함께 가족들에게 전하는 톡 메시지...
제자들에게 전하는 SNS 메시지...
수시로 발견하는 내 자신 속에서 나오는 소리와 깨달음...
동시대를 살아가는 우리 모두와의 소통을 위한 자전적 이야기...
이 모든 조각난 소통 이야기 퍼즐들을 모아 전합니다.

1부
우 리

많은 이들이 사랑이란 말을
아껴서 하라고 하지요.
너무 많이하면 그 약효가 떨어지고 심드렁해진다구요.
그런데 아닙니다. 그렇지 않습니다.
하면 할수록 무뎌지거나
가치가 떨어지는 것이 아니라
하면 할수록 빛나는 것이
사랑! 사랑입니다!
아낌없이 사랑하세요~~!
사랑합니다.

I

사랑은 반대말이 없다.

가령,

믿었던 사람의 과오를 쥐고 용서 여부때문에 괴로워한다?

누가 누구를 용서할 수 있단말인가...

자신만이 만든 잣대로 잘잘못을 판단하고

분노하고 괴로워하고...

예기치 못했던일로 일순 당혹할순 있겠지만... 누구를 용서한단건 옳지 않다.

더구나 상대가 사랑하는 사람이라면 더욱 그러하다.

사랑의 반대말은 증오도 용서도 아니다.

달라이라마는 "용서는 단지 자기에게 상처를 준 사람을 받아들이는 것 만이 아니다. 그것은 그를 향한 미움과 원망의 마음에서 스스로를 놓아주는 일이다. 그러므로 용서는 자기 자신에게 베푸는 가장 큰 베품이자 사랑이다."라 했다.

사랑은 반대말이 없는 그저 하면 할수록 빛나는 말이다.

분노하고 증오로 몸서리치며 자신을 괴롭히지말고

후회없이 끊임없이 사랑하라.

2

어떤일이 생각대로 될때 “yes^^!”한다.
대부분 흔치 않은거라 생각한다.
운이 좋았다라 생각한다.
매순간 “yes!”를 외치고 싶은가?
그렇다면 매순간 자신의 생각를 바꾸어라.
지금 내게 일어나는 일이 바로
지금 내가 원했던 일이라고
그러면
지금 내게 일어나는 그일이 최고의,
최선의 선택이 될 것이다.
최고, 최선의 선택은
최고의 것을 선택하는 것이 아니라
내가 선택한 것을 최고로 만드는 것이다.

3

백발의 연인(인간극장)으로 출연하신 19세, 14세에 만나
74년 함께 해로하신 94세 할아버지, 87세 할머니가 손 꼭잡고 있다.
머리 위로 하트를 그리신다.^^;
백발의 연인...
하루에 하루를 더하며 둘로 시작해 하나되신...
이분들의 행복코드가 행복역사가 아닐까 싶다.

4

평행은 부정적 의미가 아니다.
평행의 미학이다.
평행선을 억지로 사선으로 바꾸어
만나게 하려 마라.
사선은 교차하여 만나긴 하지만
그것은 점, 즉 순간에 불과하다.
향하는 곳이 달라
곧 다시 떨어지기 시작하여
점점 멀어져만 간다.
같은 곳을 바라보며
그저 평행의 간격을 서서히 좁혀가라.
그러면 그 끝은 두선이 하나가 되는
일치를 이루게 될 것이다.

5

야굴 무지 좋아하는 제자아이와 긴통화를 했다.
막연함이 남긴 무늬모양이 또렷치 않아 힘겨워하는구나.
꼬인 실타래 풀면 원래 한줄인 것이니 단순하게 생각하라 했다.
소통의 끈을 내가 단단히 잡아줘야겠다.
정면승부를 하려면 직구를 던져라!!!

6

날마다 20살. 1

언제부턴가 난 늘 20살이다.

새로이 만난 2012년 20살들과의 절반을 넘고 있다.

난 날마다 20살이다.

날마다 20살. 2

언제부턴가 난 늘 20살이다.

1학기 기말고사 치른지 3일...

채점하느라 시험지 펼쳐

낯익은 이름들 눈에 들어오니

그새

20살 친구같은 이들이 보구싶다.

그래서

난 날마다 20살이다. ^^;

날마다 20살. 3

언제부턴가 난 늘 20살이다.

간밤에 군 입대하는 꿈을 꾸었다. ^^;

20살 친구들과 같은 꿈을 꾼다. ㅋ

그래서

난 날마다 20살이다. ^^

7

차태현이란 배우를 좋아한다.
스크린 속에서 늘 한결같은 그의 모습이 좋다.
배우 자체로 좋기에 사생활을 알수없었는데, 며칠전 승승~~란 프로에 출연한 사람 차태현 얘길 들었다.
여러 에피소드 중 아버님 직접 나와 아들과의 꾸밈없는 마음소통방법, 직장화장실 수건을 5년 동안 매일 새것으로 몰래 걸어놓는 아버지를 보고자란 아들, 승승 성공하여 아버지 부채는 물론 생활여건까지 조용히 마련해드릴때나, 슬럼프에 공황장애를 겪고 여전히 비행기를 타지 못하는 그이지만, 한결같은 그의 모습은 화면속의 배우로서나 생활인 차태현으로서 사랑받는 이유일 것이다.
요즘도 서울대 소아병동에 소리없이 도움의 손길을 주고 있다 한다.
한결같이...^^ 한결같음이 좋다~

8

그녀는 하고 싶은게 많습니다
그녀는 갖고 싶은게 많습니다
그녀는 많은 걸 할 줄 압니다
그녀는 많은 걸 가졌습니다
그녀는 비울 줄 압니다
그녀는 내려 놓을 줄 압니다
그녀는 차~암 사랑스럽습니다
그녀를 사랑합니다^^♥

9

오랫만에 달걀프라이를 하다가...
냉장고 깊이두고 잊고 있다 오랜만에 먹으니 꿀맛이다. ㅋ;
그러다보니
매끼먹는 김치의 알싸함은 입맛의 습관에 묻혀버렸네~;
수시, 정시 계속되는 신입생 선발과정에서
만나는 새로운 청춘들과의 만남, 해마다 이맘때 느끼는 신선함이다.
그러다보니
년초 카톡하곤
긴 겨울잠속에 묻어둔 재학생들 얼굴 하나 두울 떠오른다.
내일은 페북과 카톡으로 만나봐야겠다. ㅎ

10

세상에 끊임없이 다가가라
웃으며...
웃으며 다가가면 세상은 두배로 웃어주지만
웃으며 다가오는 세상에 무심하면
세상은 날 왕따시킨다.
웃으며 다가가
내 존재가치를 내손으로 만들면
세상은 내게 자리를 내어준다.

목이나 어깨 근육이 뻣뻣해지면 주무르거나 두드려본다.
눈이 침침하거나 퍽퍽해지면
안약을 넣거나 눈을 감아보기도 한다.
이렇듯 몸에 나타나는 증상엔 적절히 대처할 줄 안다.
그런데 마음에 작은 생채기가 나
이상 증세가 일어나면
어쩔줄 몰라하며 스스로를 깊은 수렁에
빠뜨린다.
마치 머리아픈데 배에다 빨간약 바르는 돌팔이 처방하듯…
내가 스스로 괴롭혀 생기는것이
내 마음의 통증이니
목이 뻐근하면 자연스레 주무르듯
그저 가만히 잠시 물 한모금 마시고
깊은 호흡하며
마음을 어루만져주면 족할 것이다.
지금 마음 통증이 있다면
가만히 만져주라.
토닥토닥…토닥토닥…

12

우리에게 주어진 하루하루는 선물이다.
선물인 하루를 아무렇게나 헛되게 쓸수는 없지 않겠나...
오늘 하루를 내가 참으로 받고 싶었던 선물이 되게 하려면
나의 오늘을 행복하게 즐길수 있어야 한다.

지금 힘들다는 건 내일은 덜 힘들거란 뜻...

13

어느 광고에서 낮추어 보란 문구가 마음에 와 닿았다.
높이려하면 낮아지고 낮추면 높아진다 한다.
그러나 스스로를 낮출줄아는 겸손의 덕을 쌓기란 쉬운 일이 아니다.
왜냐하면 밑바닥에 있으면서도 만족하는 사람은 없기 때문이다.
오랫동안 내려서고 또 내려서고, 물러서고 또 물러서고,
비우고 또 비워야 비로소 낮춤의 덕을 쌓게 되는 것이다.
높은 계곡물이 바닥이 보이도록 맑은 것은
쉴새없이 물을 아래로 아래로 흘려보내고 또 흘려보냈기 때문이다.
낮춤의 겸손한 덕을 쌓기 위해
낮은 곳으로의 여정을 위한 행장을 꾸리자.

14

상처를 주지 않고 산다는 것은
사랑을 노래하고 그리는 것이다.
작은 실수를 탓하지말고
다른이의 뒷담화에 여린 귀열어 흔들리어 동조치 말고
처음느꼈던 호감과 따뜻함을 항상 기억하라.
한순간도 혼자라는 소외감 느끼지않게
언제나 믿음 잃지않게 함께하던
따스함을 늘 전해주라.
때론 눈물나고 가슴 아플때 있겠지만
사랑하는 마음가진다는 건
상처를 주지 않는다는 것
그래서 사랑인거다.

15

한때 마음이 힘들었을 때를 돌이켜보면
마음에 생채기를 남긴 좋지 않은 기억이
또다시 반복되어 일어날까 미리 두려워했기 때문이었다.
피할수 없으면 즐기고 모르면 배우겠다고 마음먹으면
어느새 내맘주머닌 긍정과 행복으로
가득차게 된다.~~~

16

바람이 불면 버티려하고
비를 맞으면 피하려하고
햇살이 눈부시면 가리려한다.
부는 바람 버틴다고 피할수 없고
내리는 비 피한다고 바로 그치지 않으며
눈부신 햇살은 가려도 비친다.
그러나
바람도 멎을 때가 오고
비도 그치기 마련이며
빛나던 햇살도 저문다.
기다리면!!!
순리에 순응하고 기다리면~
지금 머리가 무지 아프다 ㅠ
이 통증도 기다라면 씻은듯 사라지겠지.
지금 몸과 마음에 고통이 있나요?
비바람과 햇살도 기다리면 없어지듯이
기다려보세요.
다 지나갈테니~~~

17

캠퍼스에 한학기를 마무리하는 청춘들의 잰 걸음으로 가득하다.
이제 썰물처럼 이들이 빠져나가면 꽥꽥거림과 깔깔거림조차 그리워지겠지.
그런데 사랑하는 청춘들아~
끝의 반대말이 시작?
마지막의 반대말이 처음?
마무리의 반대말은 준비?
아닙니다!
시작과 끝, 처음과 마지막, 마무리와 준비는 비슷한 말이다.
왜냐구???
끝은 또다른 시작을 의미하고
마지막은 또다른 처음을 경험하게하니까
마무리를 잘하면 또 다른 준비도 잘할 수 있으니까~^^

18

두손 두발을 다 잃은 장애인이 도버해협을 수영으로 횡단하고는
"할 수없는 일은 없습니다. 무엇이든 하면 할 수 있어요"라 한다.
~하니~해서~니까 할 수 없다 했던 많은 순간들속의 내모습이 새삼 부끄러워진다.
'할 수 있다' '할 수 있었다'는 과거, 미래시제가 다 있지만,
'할 수 없었다(최선을 다했지만)'란 과거시제는 있어도
'할 수 없다'는 시제는 없다 해야겠다.

19

우리 몸은 참 까칠하다.

한낮엔 창을 열어놔도 더위에 못견뎌하다

저녁시간 창으로 선선한 바람한자락 살을 스치면 옷깃여미고 창을 닫는다.

우리 맘은 참 까칠하다.

누군가 힘들게하면 울컥 마음속 미간을 찌푸려 퉁퉁거리다

작은 칭찬 한마디에 금새 아이처럼 따뜻해진다.

그런데 그런데말이다.

몸도 맘도 까칠하단건 몸도 맘도 건강하단 증거이다.

건강하지 못하면 지극히 정상적인 까칠한 반응이 나타날수 없다.

그러니 까도남, 까도녀인것을 감사하게 생각하자.

까도남, 까도녀 홧팅!!!

20

비온뒤 하늘이라 더 높고 더 화창하다.

ㅋ 근데 덥다~ㅋ

모든일, 모든것이 다그러하다.

다 좋을순 없다.

다 가질순 없다.

하날 가지면 다른 하날 버려야하고,

하날 채우려면 다른 하날 지워내야 하는것이다.

이를 알면 욕심에서 자유로와 진다.

21

우리는 흔히
그때 내가 좀더 잘했더라면
그때 내가 좀더 조심했더라면
그때 내가 좀더 참았더라면
하고 후회를 하며 현재의 시간을 허비한다.
그러나 바로 내일이면
지금도 그때가 되어버린다.
그러니 지금 현재 그때 생각만하며
그때만 찾는다면
나의 그때는 언제나 후회만 있을 뿐이니 지금 좀더 잘하고
지금 좀더 조심하고
지금 좀더 참아
나의 그때는 아름다운 추억만 있게하자.

22

"엄마"라는 부름엔 100% 신뢰가 묻어있고,
"어머니"란 부름엔 100% 감동이 묻어있고,
"어머님"이란 부름엔 100% 그리움이 묻어있다.

"어무이"란 부름엔 부산 머스마의 한이 묻어있다.

23

무더위에 지친 누군가에겐
말 한마디가 시원하고 쾌적한 바람이 되고
배고픈 누군가에겐
말 한마디가 엄마손 밥상이 되고
일상에 지친 누군가에겐
말 한마디가 아늑한 쉼터가 되고
맘에 상처입은 누군가에겐
말 한마디가 신비스러운 약이 되고
세상 모든이 에겐
사랑의 말 한마디가
어둠을 밝히는 빛이 되고
힐링 향기가 된다. ~~~^^

24

탈북 소녀가 전하는 절절한
가족에 대한 그리움...
이 먹먹함을 담고
내가 손을 뻗으면 잡을 수 있는
가족들의 소중함에
감사해야겠다.

25

변화와 실행의 장벽은
스스로 쳐놓은 여러 색깔의 장막들이다.
누군가가
'넌 이 노란색 막을 걷어내야 바뀔 수 있어!'라고
충고하면 반사적으로 파란색 막을 치며
노란색 막도 걷어내지 못하도록
움켜쥔다.
반복되는 악순환으로
스스로 쳐놓은 여러색의 막들에 갇혀
힘겨워한다.
움켜진 막들을 걷어내려면
자신에게 솔직해지고
솔직히 드러낸 자신의 모습에 당당해져야한다.

26

아침햇살이 넘좋아 화분 햇살 받게 내놓았더니
이눔들도 좋은지 눈웃음짓네~
어린이날~ 어버이날~ 스승의날~ 부처님오신날~ 결혼기념일~ 선민이생일~
안팍으로 감사해얄 일들이 많은 5월의 문이 열렸다.
동심의 마음으로 순수하고 행복한 5월을 보내자.^^

27

거울에 비친 내모습이
매번 낯설었는데
오늘은 친구하게 다가선다.
한올 두올 희끗해진 머릿결이
한줄 두줄 더해진 주름살이
이제사 내것인것같다.
시간과 땀이 어울어져 얻어낸
계급장인것 같아
자연스럽고 당당스럽다.
그렇게 그렇게
오늘은
거울에 비친 내모습이
나인것 같다.

28

달팽이등관에 뭐가 있나 궁금했는데...
사랑하는 이들의 꿈 조각들이 담겨져 있다...
꿈벅이는 눈뜸질, 휘저어보는 더듬이질,
슬로우 비디오 보다 느려 미동도 없는듯한 걸음질이지만,
꿈이 있어 행복한 느림질이니,
이보다 좋을 순 없다.

29

몸에 질병이 생겼을 때 적절한 진단과 처방,
그리고 환자 스스로 강한 치유의지가 있어야
회복되어가듯이,
마음에 자의든 타의든 생채기가 났을때,
비워낼 시간과 읽고 싶었던 책을 통해
자신의 마음을 들여다보고,
스스로 잘못을 각성하여 허물과 왜곡을 비워내고
선과 사랑으로 채워가면
서서히 마음의 상처는 아물어 갈것이다.

30

여기저기서 힐링 힐링한다.
무엇으로 무엇을 힐링...치유한다는 것인가.
치유는 지워지지도 완전히 없어지지않는
마음의 상처나 과거의 어두운 흔적을
털쳐내거나 지워버리는 것이 아니다.
완치하려다 오, 남용으로
상처를 덧나게하고 흔적을 크게 만든다.
흉터는 흉터대로 자국은 자국대로
마음에 온전히 보듬어안고 가는법을
배우는 것이 힐링의 첫걸음이다.

키

화장실 갈 때와 나올 때
음식점 들어갈 때와 나올 때
출근할 때와 퇴근할 때
등교할 때와 하교할 때
시험장 들어갈 때와 나올 때
이처럼 대부분의
before & after 상황엔
마음과 표정이 상반된다.
그렇다면
한결같을 수 있는 땐
언제일까?
풋~난지금 이생각을
빨래를 걷으며 하고 있다.
그러고보니
빨래를 널 때와 걷을 땐
마음이 한결같은 것 같다.
인연, 관계 그리구 무엇보다
사랑은 한결 같았음 좋겠다.
빨래 널 때와 걷을때 나는
한결같은 향긋한 내음새처럼~

32

캠퍼스가 역동적으로 북적인다.
졸업앞둔 제자가 불확실한 진로가 걱정이라 한다.
지극히 당연한 걱정이다.
그러나 이렇게 생각해보라.
미래에 대한 걱정으로 지금 불안하다면
걱정과 불안함으로 이시간을 보낸다고
달라지는게 있겠는가...
아무것도 달라질게 없다면
현재라는 소중한 진행형시간을
낭비하지마라.
마음의 채널을 지금 이 순간에 맞춰놓고
현재 주어진 일을 인연을 행복하게
사랑하라.
미래는 따라오는 보너스라 생각하자.

33

부족함을 인정하라.
내 꿈은 진행형
잽이 승팰 결정한다.
사람의 몸과 맘은 노력한 만큼 변한다.
잘 될거라 생각하는 순간 90%는
잘 되있는 것이다.

34

짧은가요?
길다고 생각하세요.
긴가요?
짧다고 생각하세요.
무거운가요?
가볍다 느끼세요.
가벼운가요?
무겁다 느끼세요.
마음먹기에 달렸답니다.
늘 적당하다 생각하면
욕심대신 배려가
자책대신 사랑이 생긴답니다.^^

35

'아픈만큼 성숙해진다'
힘든 시련의 시간을 잘견뎌내면
고통스런 경험을 담아낸 그릇보다 훨씬 큰 지혜와 이해를 담을 수 있는
마음의 그릇을 얻게된다.
지금 맘의 그릇에 고난이 담겨져있다해도
조금만 보듬고 견디면 금새 큰 희망으로 채워질것이다.
그저 잠시 구름걷히는 하늘 한번 올려다 보라.

36

화성착륙에 환호하고
손안의 스마트폰으로 세상을 여는
첨단 과학세상속에서 인간능력에 자화자찬하고,
권력과 금력이 영원할 줄 착각하는 군상들,
숨이 턱막힐 정도의 폭염으로 무력하게 하더니,
언제 그랬냐는 듯
집중호우가 내려 도시를 삼켜 무력하게 하는
저 위대한 자연앞에서 오만과 교만을 버리고 겸손함을 깨달아야한다.

37

무엇을 어떤일할때 가장 행복한가?
무엇을 어떤일할때 몰입하는가?
무엇을 어떤일할때 생리현상을 잊고하는가?
무엇을 어떤일할때 더위도 추위도 잊고하는가?
지금 떠오른 그것을 그일을 하라.
그것이 바로 행복한 삶이다.
그리고 기억하라.
그것은 오로지 당신 자신에게서 당신에 의해서
이루어지는 일이라는 사실을~!

38

참 감사합니다.
내게 안젤라있어
참 감사합니다.
내게 도연이와 선민이 있어
참 행복합니다.
내가 사랑하는 이들위해
무언갈 할 수 있어
참 감사하고 행복합니다.
이어폰으로 "I'll wait for you"를 들으며
비오는 차창밖을 보며
사랑하는 이들을 떠올리며
찡했다, 웃었다 할 수 있어서
참 감사하고 행복합니다.

39

꽃잎을 올려 놓았던 종이에선 향기가나고,
고등어를 놓았던 종이에선 비린내가난다.
첨엔 둘다 깨끗한 종이 였지만,
무엇을 담아 스며들게 하느냐에 따라 달라 지는것!
누굴 마음의 종이에 담아 닮아가고 스며들게 할지는
바로 자신의 몫이다.

40

누군가를 제대로 사랑하고 싶은가?
그렇다면 자신을 먼저 제대로 사랑하는 법을 배워라.
지금까지 다른 이들과의 관계에서 때론 비난받고,
때론 비교당하고, 때론 내뜻대로 되지않아 상처받고 고통스러워했던
나를 스스로 폄하하고 자책하지말고,
그런 자신을 그대로 온전히 사랑하라.
조금은 작고 부족해 보여도 있는 그대로를 사랑하라.
자신을 제대로 사랑하게되면
누군가도 제대로 올곳게 사랑할 수 있게 되니
비로소 사랑은 아픔이나 고통이 아니라
참빛나는 아름답고 보석같은 것임을 알게 된다.

41

벚꽃과 개나리 피고지고,
아주 잠깐이지만 화려하고 휘드러지게 피어 자탤 뽐내던 목련도 졌지만
이제 철쭉이 활짝피어 캠퍼스의 맑은 하늘과 잘어울어져있다~
이렇듯 건강하게 피어날 준비만 되어있다면
그때가 이르고 늦음이 있을뿐 활짝 피어날수있으니
포기하지않고 자신만의 만개시기를 차분히기다리면 지금 행복할 수 있다~^^

42

울선민이가 검정고시를 선택한 것,
그리고 준비에 집중하여 높은 점수를 받은 것
이것들이 선민이가 쓰고 있는 작은 전설이고, 만들어가는 작은 기적이다.
가만히 들여다보면 그속에 현명하고 치열한 선택과 집중이 있는 것이다.
하느님께서 지팡이를 가지고 계신다한다.
그지팡이를 누구에게나 다주시는게 아니라
열심히준비하고 도전하여 정말 필요한 사람에게만 주신다 고한다.
정말 하고 싶은일을 선택하고 집중한다면 우뚝설수있는 지팡이를 주실 것이다.

43

20년전 내 팔짱을 끼었고
내 안에서 평안해했고
내게만 세상에서 가장 아름다운 미소를 지어주었습니다.
그래서 난 안젤라만 바라 보았습니다.
20년이 지난 오늘도 난 안젤라만 봅니다.
안젤라도 변함없는 치명적인 미소를 보여줍니다.
20년후에도 그럴겁니다.
안젤라~고맙습니다~사랑합니다.

44

여자는 약해도 엄마는 강하다~위대하다~!
아빠에겐 언제나 사랑스럽고 연약한 천상여자이지만,
너흴 위해선 아무것도 두려워않을 만큼 강하고
모든 것을 다 던지고 무엇이든 할 수 있으니 위대하다 싶다.
엄마랑 너희 미래 얘기를 할 때마다 느끼는
눈빛과 진심이 묻어나오는 떨림을 생각할 때마다
아빤 울컥해질 정도의 감동으로 먹먹해진단다.
그래~ 엄마말 처럼 너희의 선택을 늘 존중하고 믿으며
더욱 든든한 아빠일 것을 다짐해본다.
이또한 사랑하는 내 연약한 여자를 위해 내가 해야할일 일 것이다.
사랑한다~~♥

45

4개월난 뇌사아의 장기기증으로 11개월난 아이가 심장을 이식받아
새생명을 찾았단다.
언제부턴가 '나눔'을 잊고 그저 나를 채우기에만
아님 채우고 난후 하는 것으로 왜곡되었지만,
그래도 많은 이들이 '콩 한쪽의 나뭄'을 소리없이 실천하고 있으니
세상은 살만한 곳이다.
언젠가 아내가 제안하고 동의했지만 차일피일 미루어왔던
시신기증과 재능기부 신청해야겠다.
4개월난 아기의 '나눔'이 가슴 먹먹하게하는 아침이다.

46

捨近取遠 사근취원
젊을땐 먼것이 잘보이지않아 안경을 쓰지만
나이가 들면 가까운걸 보기 어려워 돋보기 안경을 쓴다~
우리네 마음도 그러하다 멀리있는 것들만 보려고 가지려고 아둥바둥 애쓴다~
그러다보니 정작 너무 가까이있어 보이지 않는 것들을 잊고산다~
부모 형제 가족 친한 친구 ~
너무 가까이있는 이들이 가장 소중한데 보지못하고 잊고 산다~
마음의 돋보기를 쓰고 보자.
그리고 감사함을 표현하자~ 함께 행복해질 것이다.

47

거울 비친 모습보다가 안젤라가 머리기르는게 낫겠다 했는데
별로 안 자란 것 같다란 생각이 들자 초조한 맘이 열리는걸 느꼈다.
자를땐 순간이었는데 문득 '비움과 채움'이란 화두의 답을 찾았다.
비워야 채울 수 있다.
어떻게? 비울 땐 '결단과 실행'으로 과감하게
채울땐 '기다림의 미학'으로 여유있게
결단과 실행하는 비움은 할까 말까하는 망설임과 불안을 털어낼 수 있고
기다릴줄 아는 채움은 초조함으로 인한 부작용을 없앨수 있는 것이다.
머리가 잘 길러질때까지 기다려야겠다~ ^^

48

행복하세요? ~ 네
사랑하세요? ~ 네
감사한가요? ~ 네

지금,
언제나 설레는 이를
마음에 담고
늘 함께 할 수 있으니
행복하고,
사랑하고,
감사합니다

49

젊음은 얇은 종이노트와 같은 것!
쉬더러워질수도...쉬찢겨질수도...
더렵혀지고 찢어진 종이를 온 정성 다하여
지우고 붙여도 원래로 돌아갈 수 없는 법!
내 젊음의 노트에 무엇을 쓰고 어떻게 보관해야할까 고민하라!
젊음의 노트!

50

세상에 한면만 있다면
얼마나 밋밋하고 심심할까?

검은색 때문에 흰색이 있고
밤이 있어 낮이 반갑습니다.
악이 있어 선이 사랑받고
모난 돌 덕에 둥근돌이 정을 피합니다.
얼큰이들 때문에 소두들이 빛나고
꼴찌 덕분에 일등이 자랑입니다.

대극의 신비가 삶의 비밀입니다.
오르락 내리락 그게 사는 맛입니다.

그치지 않는 비는 없습니다.
범추지 않는 바람은 없습니다.
힘겨운 삶의 고통도
소용돌이 같은 번뇌도
이제 곧 잦아들겁니다

오늘도 오르락 내리락
인생의 롤러코스터를 즐깁시다~!

51

남이 하면 불륜~ 내가 하면 로맨스,
남이 하면 불평~ 내가 하면 비평,
남이 하면 불법~ 내가 하면 합법
남이 하면 표절~ 내가 하면 인용
남이 하면 괘변~ 내가 하면 논리
남이 하면 뇌물~ 내가 하면 기부
이게 뭡니까?
역지사지~
내눈으로만 세상을 보지말고 타인의 눈으로 봅시다.
소금장수와 우산장수 아들가진 어머니의 마음을 생각해봅시다.
남에게 손가락질할때 엄지는 하늘을 향해있고,
나머지 세개의 손가락은 나를 향해 있음을 잊지 맙시다.

52

옷입으며 내겐 무슨색이 어울릴까
이것저것 고르기 마련~
그러나 무슨색을 입어도 내게 어울리게 하면 되는 것.
내가 주체가 되고 브랜드가 되면
무얼 입어도 다 어울리게 될 것이다.
왜냐면 나니까~ 잡스나 연아가 그러하듯이...

53

익어가는 것의 위대함
선택하여 열맬 맺으려면 피와 땀에 젖은 노력이 있어야 한다.
혼연일체의 단계
무르익어야한다.
뜸을 들여라.

즐기는데는 이유가 없다.
점적천석~
떨어지는 물방울이 바윌 뚫는다.
꽃도 피는 시기가 있다.
즐기는 마음으로 매일 한걸음씩~
좋아서 하는일에는 무서운 에너지가 나온다.

그냥 즐겨라.

54

사우나 의자 한쪽 끝에 앉다가
순간 치우쳐 넘어질 뻔ㅋㅋ
균형이 치우친 힘보다 중요하단 깨달음~
순간 쪽팔림이 준 행복한 각성.

55

뜨건 땀과 눈물범벅에다 약기운땜 낮인지 밤인지 모르는채 긴시간 보냈다.

금욜 늦게까지 강의하고 퇴근하자마자 앓기 시작하여 자다깨다

문득 잠시 정신차려보니 어느새 토욜 오후 1시쯤

무의식적으로 걱정했을 가족들 생각에 폰을 열었는데 카톡 문자 어디에도 안젤라와 딸들 흔적이 없었다.

바로 카톡하려다 아픈거 알리고 싶잖아 그만두었다.

너무 허기져 안젤라죽 데울 기운도 없어 찬죽을 한술뜨다 울컥

아픈거알려 걱정끼치는게 싫어 카톡보내지 않는거 내진심이 아니었다.

넘 약속하고 이들에게 내 존재감은 무엇인가 어찌 하나같이 약속이나 한 듯이

아픈줄 알텐데...

넘 무심탄 생각에 무섭도록 외롭고 서글픈생각이 치밀어 올랐던 것이다.

내안을 내스스로 정확히 읽어내곤 약기운에 또 깊은 잠에 빠졌다.

저녁 9시쯤 다시 정신을 차리니 열도 좀 내린 듯 했고

마음도 많이 제자리로 돌아왔다.

그제서야 얼마전 읽었던 어떤 스님 글이 떠올랐다.

"스님께서는 어찌 제게만 무심하십니까?"

"보살님~ 무심타했나이까~ 보살님

절방마다 많은 문풍지가 바람막이 하지요~

보살님은 어느 문풍지에 마음을 두고 있습니까?

그렇지요, 낡아 구멍난 문풍지입니다.

보살님~ 무심타함은 깊은 신뢰를 바탕으로 합니다.
내 보살님에 대한 신뢰가 깊으니 탄탄한 문풍지 대하듯 할 밖에요"
아~~!
그래 그렇다. 내가 무심타며 서운해 한 것이 이와 같을지니...

56

매일 일상에서 만나는계단,
올라갈땐 오르기 위해서만,
내려갈땐 내려가기 위해서만,
계단이 있는듯느낀다.
그러나 계단은 언제라도 오를수도 내려 갈수도 있는 것이다.
삶속에서 목표를 향해 올라갈 때
삶의 계단이 오르기 위해서만 있는것처럼 착각한다.
삶의 계단도 안전한 내려옴을 위해서도 필요한 것이다.
계단은 오르고 내리다 지치면 앉아쉴 수 있다.
또 가위바위보하며 놀수도 있다.
삶의 계단 오를려고만 하지말고
때론 내리막의 안전한 도우미로
힘겨울땐 쉼터로 이용하는 지혜를 갖자~~ ^^

57

아기가 처음 뒤집었을 때,
일어서서 첫걸음 걸었을 때,
초등학교 입학후 아침에 힘겹게 깨울 때,
모두 처음일 때
새롭고 경이롭고 또는 힘들었던 일이
어느덧 일상이 되어 습관처럼 익숙해진다.
지금 힘든일이 있다면
일상의 한부분으로 녹아들게하고,
교만해져 있다면 처음처럼
초심으로 돌아가 경외심 갖도록 하자~^^

58

비가 오면 본능적으로 우산을 쓴다.
비맞으면 몸이 젖는단걸 알기에
하기 힘들지만 해야 하는일을 비라 생각하자.
비맞으면 젖듯이 힘들다 피하면 고통에 젖게 된다.
비오면 습관적으로 우산을 피듯이
지금 힘들고 하기싫어도 견뎌야 하는 일이라면
습관같은 내삶의 우산으로 만들자.
우산속에서 떨어지는 빗소릴
음악으로 여기며 나만의 세계를 즐기자.

59

집가기전 일생같은 하루를 생각해본다.
욕심부리는 꿈을꾸다 일어났다.
아침부터 유난히 많은 일들이 있었다.
네팔서온 유학생 만나 상담하는 등...
강의시간 기대찬 눈망울들이 있어 행복했다.
아내가 운전하다 큰사고 날뻔 했었다는
카톡을 보고 가슴을 쓸어내렸다.
매주 화요일마다 서산까지 상담치료 하러가야는데 걱정이다.
장인 장모께서 연락 뜸해진 내게 서운했나보다...
문자 드렸더니 바로 답을 주신다.
어제보다 오늘 더 아내가 사랑스럽다.
오늘보다 내일 더 사랑할 것이다.
딸들이 보구싶다.
우리 딸들도 아빠 빽허그 해줄라나~
정말 하루가 바이오 그래프곡선같은 일생의 축소판이다.
그래도 뿌리가 행복임을 각성했으니 행복할 수 있었다.
그러니 그러니 더욱 사랑하고
행복한 맘으로 살아야겠다.

60

매일 아침 거울앞에 붙여놓은 글귀 "지금 이순간 내게 좋은 일이 생긴다"

처음 써붙일땐 주문처럼 보면 그렇게 되리란 맘이었고
그후 볼때마다 확신으로 읽었다가 언제부턴가 습관처럼 보게되었고,
오늘 아침 문득 보다 정말 그럴까 하다가 번쩍 깨달은것!
이 글을 붙인 이후로 늘 매순간 좋은 일이 일어나고 있음을~
지금도 아침운동과 사우나하고 최적의 컨디션으로
내가 목숨처럼 사랑하는 이들에게 글을 쓰고 있으니
이보다 더 좋은 일이 있을까...
그래~ 우리에겐 매순간 우리 앞에 좋은 일이 일어나고 있는 것임을 믿자.

61

정답?
왜 정답이라고 할까?
정확한 답? 정해진 답?
암튼 정답이란 용어를 쓰는 것은
답이 여럿일 수 있단 것이다!
그래 인생에 정답은 없다.
그저 여러 가지 답이 있을 것이다.
내 삶의 정답이 무엇인지 고민하고 찾으려마라.
지금 내가 쓰고있는 답을 성실히 쓰면 되는 것이다! ^^

62

책상을 툭 건드리니
책상위의 것들 중 크고 무거운 것은 꿈적도 않고,
어떤 것들은 흔들리다 버티고,
제일 작은 안약병만 넘어지네
전 같았으면 그래 흔들리지 않으려면
버틸힘이 있어야지 하고 생각했을텐데...
오늘은 넘어진 안약병이 제일 편하게 누운것처럼 느껴지고
흔들리지않거나 흔들리다 버텨낸 것들은
엄청난 스트레스로 힘들어보이고 애처로워보이니
참으로 마음이란건 주인이 어떻게 관리하느냐에 달린 듯
그래! 행복의 또 하나의 공식은
자기주도적 삶의 태도일 것이다!

63

열쇠구멍에 열쇠넣어 철컥하는 소릴 들으면 열렸구나 순간 행복해지지
열쇠구멍에 들어가는 열쇠는 많지만 정작 열리는건 딱하나~
지금 내가 여는 열쇠가 맞지 않는다 해도 포기말고
맞는 열쇠 찾을 때까지 홧팅!!!

64

보려고 하지 않았습니다.

들으려고 하지 않았습니다.

보이지 않는데 보인다고 생각했습니다.

들리지 않는데 들린다고 생각했습니다.

본다고 들린다고 착각한것 때문에

생기는 갈등들이 그네들 탓이라고 도피했었습니다.

그네들 겉만보고 목소리만 들었던 건줄모르고...

내가 내마음 소리에 귀기울이고 나서야

그제사 그네들의 마음을 보게되고,

그제사 그네들의 마음소릴 듣게 되었습니다.

아주 조금이지만...

이젠 그네들을 진정으로 행복하게 해줄 자신이 생겼습니다.

65

지퍼 올리다 찝히면

'에이 뭔놈의 지퍼가~'라며 지퍼 탓 한다.

실은 내 탓인걸...

올릴 때 좀더 천천히 조심스럽게 하든지

아님 끼더라도 내 급함으로 꼈구나하고

좋 은맘으로 다시 하면 되는 것을~

우리 삶 모든 것이 그러하다.

나로부터 행복해지길...

66

잠시 여유있는 시간,
컴 바탕화면에 떠있는 장딸 목소리가 듣고 싶어 오랜만에 전활했다~
아빠~ 하고 전해져오는 목소리에
갑자기 십수년전 유아체능단 갔다오며 부르던
단복입었던 앙증맞던 모습이 떠올랐다.
참~ 노오란아이다~ 내 장딸은, 한결같이 노란색을 좋아하는,
참~ 착한아이다~ 내 장딸은, 어리석을만큼,
참~ 힘이 되는아이다~ 내 장딸은, 엄마에게도, 동생에게도
차~암 사랑스런 아이다~ 내 장딸은~ 나에게!

67

몇넌 전 졸업한 세사 녀석이 카톡으로
"교수님 죄송해요ㅠ 어제가 스승의 날이었는데 연락도 못드리고..."
참 감사한 일이다.
이 친구 이글 보내기전 스승으로 날 기억해주었고,
이글 보내며 가졌을 마음을 생각하니~ ^^
낼 아침엔 책상 서랍에 묻어둔
몇해전 스승의 날 무척 뭉클하게 했던
당시 아이들에게 받았던 링으로 연결된
엽서꾸러미를 다시 꺼내봐야겠다~ ^^

68

헬스장 스피커에서 10점 만점에 10점!
투피엠 노래가 나왔다.
언제부턴가 우리네 삶이 10점만점 맞추기가 목표 타겟이 되어버린 듯 하다.
한점이 빗나가면 좌절하고 포기해버리기 일쑤다.
과녁안의 9,8,7... 점의 가치가 훨씬 존중하는 삶이어야지
10점 과녁맞추기 삶이되어선 안된다.
10점 만점에 10점이 삶의 목표여서
단 한발이라도 빗나가면 주류에서
떨어지고 잊혀져간다고 체념해버리는 마음의 풍토,
그 마음의 토양부터 바꿔야한다.

69

지났으면 돌아가고,
부족하면 준비하라!
맘에 새겨 곱씹어 봐야겠다.
며칠전,
'자는법, 먹는법, 씻는법을 모르고 살았다'라던
23살 청년의 희망의 젖은 눈망울이 떠오른다.
당연히 가진 것이라고 잘못알고 있던
소중한 것들에 감사하고 나눔의 눈을 떠야겠다~~^^

70

감성지수가 높은 사람을 보면 성선설이 옳단 생각이 든다.
그러나 참이해되지 않는 짓(?)을 하거나 욕심에 찬 이(?)들보면 성악설이 맞나 싶기도 한다. 잠시…
감성이란 심리학적으로 감수성, 우리의 5관(五官)이 외계로부터 자극을 받고 그에 반응하는 정도나 강도(强度)를 의미한다.
칸트는 지식론(인식론)에서 외부로부터의 모든 감각적 자극을 받아들여, 지금 여기서라든가 아까 거기서라는 식으로 시 · 공적으로 정리하는 능력이라 한다.
감성은 이렇게 정리한 것을 생각하는 힘인 '오성(悟性)'에 소재로서 제공한다. 또한 그의 도덕론에서의 감성은 욕구 또는 본능을 가리키며, 그것은 이성에 의해 억제될 수 있다고 한다.
우리 모두 가지고있는 감성이라면 그 조절을 잘해서
그저 단순하게 세상은 참 살만한 곳이다라고 느끼고,
노래한마디, 드라마한장면, 시한구절, 이웃사는 애기 하나에 감동하며 사는게 어떨까~~~!

71

나 스스로 내 자신만의 생각에 사로 잡히면 불행하다는 생각을 하게 된다.
그러므로 나자신을 향해있는 생각을 멈추고
방향을 바꾸면 행복을 느끼게 된다.
더하여 다른 이와 공감과 유대감으로 나를 잊고
사랑의 감정이 싹틀 때 진정한 행복의 숲에 있게 된다.

72

금년이 성철스님 탄생 100주년이라 한다.
성철스님은 10년 동구불출 할 때
암자에 철조망을 쳤는데 제자가
"이제 우리가 갇힌거네요" 하니 성철스님께서 웃으시며
"자물쇠가 이쪽에 있으니 세상이 갇힌거지"라 하셨단다.
~야! ~참! ~무릎을 치게 만든다.
세상을 향해 달려간다고 생각지말고
세상이 내게로 온다 생각하자.
허덕거리는 숨가쁨이 사라지고
호흡 가다듬고 기다리는 여유가 생길 것이고 삶이 건강해질 것이다.

73

아하~!!!
윗집에서 쿵쿵거리는 소음이 나면 그 소리에 짜증부터 낸다.
그런데
그 소리가 들린다는 것은 내 청각이 건강하단 증거아닌가...
듣고 싶어 값비싼 보청기 도움을 받는 이들,
듣고 싶어도 듣지 못하는 청각 장애인들을 생각하면,
층간 소음에 짜증을 내는건 사치인듯 싶다.
그러고 보면 이 또한 감사해야 할 일이다.

74

질책보단 칭찬이 긍정적결과를 낳는다.
그런데 많은 경우 결과를 칭찬 한다.
결과보다는 과정의 노력을 칭찬해야 한다.
결과를 칭찬하면 좋은 결과물을 위해 모험를 피하고
실수나 오류가 적은 안전한 과정을 택하고 안주하려하게 된다.
또한 결과여부에 대한 정신적 스트레스지수가 높아지게 된다.
그러나 결과에 연연치 않고
과정속의 노력의 가치에 포커스를 맞춰 칭찬하게 되면
자발적이고 창의적인 동기화가 이루어지게될 뿐아니라
건강한 삶의 질도 높아지게된다.
결과를 칭찬하지말고 과정의 노력의 가치를 칭찬하자.

75

누군가를 위해 무엇인가를 해주는 것도
근본적으론 집착이라고 봐야한단 말이 맞는 것같다.
얼마가 되었던 그 기저에는 내가 바라는대로 이루어지길 원하는 마음이 있을테니까...
진정 상대가 원하는지 확인하고 아니라면 그무언가를 그만두어야한다.
제자들과 자식들에게 특히 그러해야겠다.

76

지하철을 탔다.
맞은편에 건장한 30대 청년
수박과 참외를 다리 사이에 놓고 있었다.
그냥 평범해 보였다.
안내방송이나오자
그는 내리려는 듯 수박을 담은 끈의 손잡이를 잡으려 했다.
그런데 수박이 뱅글뱅글 돌면서 끈이 안잡히는거다.
지하철은 어느덧 역에 도착해 문이 열리는데
그는 제자리서 뱅글뱅글 도는 수박을 연신
왼손 한손으로만 잡으려 했다.
순간 나는 반사적으로 그의 오른손을 봤다.
왼손의 붉은 기운이 하나도없이 창백하고 훨씬 작은 그의 오른손은 의수였다.
문이 열리자 이미 내리기를 포기한 그의 행동은
오히려 차분해졌고 그때서야 양쪽발로 수박을 세우고 나일론 줄을 잡아 옆에 널브러진
까만 참외 봉지를 왼손에 쥐었다.
초연한 표정으로
한 정거장 다음에 내린 그는
두리번거리며 건너갈 곳을 찾는듯했다.
그에게 배운 삶의 지혜 하나
지나왔으면 투덜대지말고 돌아가면 돼~^^
내가 그를 통해 알게된 깨달음 하나

내가 부족한 부분은 미리 준비하면 돼~^^
스쳐가는 인연이지만 고마운 선물을 해준
그가 좌절 없이 행복하길...♥

++

바람이 불면 버티려하고
비를 맞으면 피하려하고
햇살이 눈부시면 가리려한다.
부는 바람 버틴다고 피할수 없고
내리는 비 피한다고 바로 그치지 않으며
눈부신 햇살은 가려도 비친다.
그러나
바람도 멎을 때가 오고
비도 그치기 마련이며
빛나딘 햇살도 서문나.
기다리면!!!
순리에 순응하고 기다리면~
지금 머리가 무지 아프다 ㅠ
이 통증도 기다라면 씻은듯 사라지겠지.
지금 몸과 마음에 고통이 있나요?
비바람과 햇살도 기다리면 없어지듯이
기다려보세요.
다 지나갈테니~~~

78

지금 난 행복한가? 라 자문하라면 90%는 그렇지않다라고 대답한다 한다.

왜 이렇게 행복지수가 낮은 걸까...그건 행복 점수의 타겟을 100점에 두었기 때문이다.

그렇기에 90점 행복한 사람도 행복하지 않다고 느끼는 것이다.

행복을 향한 마음의 방향과 높이를 바꿔야하지 않을까 한다.

단 1점만 행복해도 분명 행복한 것이다.

멀리서 높이서만 다른이의 그것과 비교하여 행복을 찾으려 말고

내 가까이에 있는 작고 사소한것 들에서 1점짜리 행복들에 기꺼워하다보면

쌓여진 1점들이 90점이 되고 100점이 되는 것이다.

이제 누군가 당신에게 행복하냐고 물으면 자신있게 그렇다라고 답하며 행복해하라.

79

사랑하는 사람과의 관계는 '가치관의 공유'와 '100% 배려'를 그 기본 토양으로 해야한다.

그 토양위에 작은 마음 실행의 비료를 주면 된다.

아침에 눈을 뜨고 하루를 열면서

'어떻게 하면 사랑하는 아내와 딸들을 더 행복하게 해줄 수 있을까' 같은...

80

불어나는 살을 없애려고 온갖 다이어트부터 성형까지 마다치않으면서
마음에 자라난 욕심은 보지도 못한다.
헝클어진 머리카락 때문에 빗질하고 젤과 무스칠을 하면서도
마음속 비뚤어지고 왜곡된 생각은 느끼지도 못한다.
내마음속을 제대로 있는 마음의 눈을 뜨자.
마음의 눈 시력이 나빠진거라면 맞는 안경을 쓰자.

81

우리는 흔히
그때 내가 좀더 잘했더라면
그때 내가 좀더 조심했더라면
그때 내가 좀더 참았더라면
하고 후회를 하며 현재의 시간을 허비한다.
그러나 바로 내일이면
지금도 그때가 되어버린다.
그러니 지금 현재 그때 생각만하며
그때만 찾는다면
나의 그때는 언제나 후회만 있을 뿐이니 지금 좀더 잘하고
지금 좀더 조심하고
지금 좀더 참아
나의 그때는 아름다운 추억만 있게하자.

82

상처를 주지 않고 산다는 것은
사랑을 노래하고 그리는 것이다.
작은 실수를 탓하지말고
다른이의 뒷 담화에 여린 귀열어 흔들리어 동조치 말고
처음느꼈던 호감과 따뜻함을 항상 기억하라.
한순간도 혼자라는 소외감 느끼지 않게
언제나 믿음 잃지 않게 함께 하던
따스함을 늘 전해주라.
때론 눈물나고 가슴 아플때 있겠지만
사랑하는 마음가진다는 건
상처를 주지 않는다는 것
그래서 사랑인거다.

83

누군가와 함께 하지 못해 아쉬운가요
걱정마세요 또 다른 누군가와 함께할 수 있으니
무언가를 갖지 못해 안타까운가요
걱정마세요 또 다른 무언가를
가질 수 있을테니
집착하지도 연연하지도 마세요
그저 흐르는 물처럼 자연스러이
맞이하고 보내세요.~

84

계란은 남의 힘으로 깨면
요리재료가 되지만
스스로 깨고 나오면
병아리가 되지요.
다른 이들이 나를 평하고 논하면
뒷담화에 불과하지만
내 스스로 나를 들여다 볼 수 있게 되면
비로소 성찰하고 변화할 수 있는
내 삶의 주인이 되는 것입니다.
하루 한번 마음 거울에
나를 비춰보세요.~~

85

선수 생활을 통틀어 나는 9000개 이상 슛을 놓쳤다. 거의 300회의 경기에서 패배했다. 경기를 뒤집을 수 있는 슛 기회에서 26번 실패했다. 나는 살아오면서 계속 실패를 거듭했다. 그것이 내가 성공한 이유다.

– 마이클 조던 –

새해에도 크고 작은 많은 실패를 겪게 되겠지만
실패를 두려워마세요.
성공으로 가는 길이니~ ^^

86

봄에 핀 꽃을 좋아하는 이는 아름답고,
여름밤 별을 좋아하는 이는 꿈이 있고,
가을비를 좋아하는 이는 슬픈 추억이 있고,
겨울 첫 눈을 좋아하는 이는 순수하다.
이 모든 것을 다 좋아하는 이는
지금 사랑하고 있는 사람이다.~^^

87

조모 전 야구선수의 자살...
매맞는 남편 이혼사유인정...
찜질방에서 살아가는 하루살이 삶...
쪽방촌 독거노인의 외로운 투병...
세상 참...
성공 지상주의 스펙과 황금 만능주의에 쫓겨 한쪽만 바라보고 가는 사이
다른 한쪽의 단절된 기형적 행태를
보지 못하고 산다.
범사에 감사하며 겸손하게...
올려다보며 살기보단
자주 내려다보며
감사하게 나누는 맘으루 살아야겠다...

88

2012년...

참 짧은,

참 많은 일을 한 한해였다.

돌아보니

그저 오늘 하루에 집중하고

그저 내게 주어진 일과 인연을 위해

단순하게 살아낸 것 같다.

새해에는 꼭 무얼해야지하는

생각을 하지 않으려 한다.

오늘처럼

아침에 건강하게 눈뜸과

저녁에 가족들의 무사 행복에

감사하며

그렇게 그저 담담하게

2013년

오늘들을

살아낼 것이다.

89

오늘 하루를 행복하게 살아가려면...
지금이라는 순간에 하는 일에 집중해야한다.
지금 라면을 먹고있다면
면발의 쫄깃함, 국물맛에 집중하면
한그릇의 라면이지만 성찬이 되고
소화도 잘되어 위도 건강해진다.
고급 레스토랑서 비싼 코스요리식사를 해도 머리속 가득 걱정과 다른 생각에 사로잡혀 있으면 음식맛을 느끼지 못할뿐아니라 소화장애를 일으켜 건강도 해치게 되는 것이다.
매사에서 지금 이순간에 하는 일(그일이 무엇이든)에 집중하는 것이 하루하루를 행복하게 살아가기위한 비답인 것이다.

90

계사년 새해가 밝았습니다.
새해에는 자신만의 블루오션을
만들어보세요.
치열한 레드오션에서의 경쟁을 피해 성공하기 위해서가 아니라
마음의 평화와 행복을 위해서~
'죽은 시인의 사회' 중에 나오는 대사 한구절이 떠오르는 새해 첫날입니다.
"누구나 몰려드는 줄에 달려가 줄을
설 필요는 없다. 자신만의 걸음으로 자기 길을 가라."

91

이쁜 꽃을 피어나게 하려면
꽃이 자라는 토양과 뿌리의 건강을
살펴야한다.
자신의 얼굴을 또렷이 보고 싶으면
먼저 거울부터 깨끗이 닦아야 한다.
자신의 마음을 보고 싶으면
먼저 마음을 내려놓고 비워야 한다.
누군가를 평하려면
먼저 자신의 허물부터 벗어야 한다.

92

신발이 발에 꼭 맞으면
발의 존재를 잊는다.
허리띠가 허리에 꼭 맞으면
허리의 존재들 잊는다.

마음이 옳으면
모든 옳고 그름의 판단을 잊는다.
무리하지도 않고 유혹되지도 않는다.
그때 일은 저절로 이루어진다.
그때 그대는 자유인이다.

93

몸에 상처가 나면
연고를 바르고 항생제를 먹고
상처가 아물때까지 기다리면서
마음에 상처가 나면
연고나 항생제를 찾지 않고
스스로 심하게 자책하며
상처가 깊어지게한다.
누군가의 위로의 말한디나
영화한편, 노래 한소절이
마음의 연고이고 항생제이니
스스로를 깊은 상처의 수렁으로
빠트리지마라.
몸에 난 상처도
몇차례 딱지가 앉고
떨어짐이 반복해야
아물어 가듯이
마음의 상처도
누군가와 기울이는 소주 몇잔과
눈물흘리는 시간,
멍하니 보는 내용알수없는 영화한편,
미친듯이 내질러불러보는 노래 한곡,
이런 시간을 가지며
마음의 딱지를 벗겨내야

아물어가고
마음의 면역력이 생기는 것이다.

94

기온이 떨어졌단 뉴스에
바바리꺼내입고
단추를 하나씩 채우다 문득…
순서대로 차분히 하나씩채우면
차가운 바람이 스미지않도록 지켜주지만
잘못채우거나
급하여 서두르다 채우지못하면
매음새도 이상해지고
추위에 몸을 지켜주지 못한다.
내가 해결해야 할 일들을 미루어
못해내거나 잔머리로 골라서하거나 서둘러 급하게 하다보면
제대로 할수있는 일이 없다.
그저 내게 지금 주어진일에 집중하여
차분하게 순서대로 단추를 채워나가듯 한다면
추위에 몸을 지키듯이
내안에 있는 소중한 행복을 지킬수 있을 것이다.

95

한학기 마무리는 성적처리하면서 끝낸다.

○○○ 92점 A

●●● 62점 D

… … …

엄마 나 100점 맞았어…

넌 내신 몇등급이니…

수능 몇점…

학점 얼마…

토익 몇점…

입사성적 몇점…

국시성적…

승진고과…

심지어 어느 오디션 프로를 통해 유행어가 되버린

'제 점수는요~~~'

인생의 평가가 점수로 점철되어있다.

난 몇점짜리 남편? 몇점짜리 아빠?

몇점짜리 자식? 몇점짜리 교수?

푸훗~:)

참으로 부질없다…

점수 내려놓는 삶이라야 행복해질 수 있다.

96

평균 학력은 높아졌지만
원칙과 상식은 오히려 실종되었고
지식이 많아졌음에도
판단력은 더 모자란다.
돈버는 법은 배웠지만
어떻게 살 것인가는 잊어버린 것 같고
삶을 사는 수명은 늘어났지만
시간 속에 삶의 의미를 넣어
행복하게 사는 법은 사라졌다.
주어진 모든 것에 감사하고
마음을 성찰하며
매순간 행복을 느끼는 것이
극복의 길이다.~

97

날마다 행복의 기쁨을 가지려면
감사하세요.
행복의 기쁨은
감사할 줄 아는 이에게 옵니다.
행복한 내일의 희망을 꿈꾼다면
오늘에 최선을 다하세요.
희망의 꿈은 오늘을
성실하게 사는 이에게 펼쳐집니다. ~

98

끝은 또다른 시작으로 이어지니
시작과 끝은 반대말이 아니라
비슷한 말이다.~
한 학기, 한 학년을 마무리하는
기말고사를 앞둔 아그들아~~
마무리를 잘하는 것이
너희의 또다른 시작을
아름답게 하는것이니
화이링~~!!^^

99

해마다 이맘때가 되면
낯익고 맘익어 정든 아이들을
떠나보내야 한다.
힘차게 걷는 아이의 뒷모습은
뒤돌아보지 않아도 아름답다.
축저진 어깨를 보이는 아이의 뒷모습은
마음을 아련하게 한다.
누구하나 소중하지 않은 인연은 없다.
어제도
오늘도
그리고 내일도
그 인연의 끈을 기도로 이어본다.~~

100

유년땐
하고 싶은 것과 갖고 싶은 것이 많고
청년땐
꿈을 위해 해야 할것과 변화해야 할 것이 많다.
중년이 되면
책임져야 할것과 참아야 할것이 많고
노년엔
돌아가고 싶을 것이다.

101

왜?
하고 묻고 따져
과거로 돌아가지말고
묻지도 따지지도 말고
그래!
하고 받아들여
한걸음 나아가라

102

예쁜 선물 포장할때 쓰이는
포장지는
정작 쓰여지는 것보다
이리저리 잘려져 나가
버려지는 것이 더많아
치우는 이를 힘들게 하지만
정작 선물하는 이나 받는 이는
뒤처리하는 이의 힘듦을 알지 못한다.
자신과 자신이 가진 것을
포장하느라
버리고 내치는 것으로 인해
다른이가 상처받게하는
눈먼 이기심을 자신도 모르게
키워서는 안된다.

103

'교수님 어제 늦게까지 공부했더니 오늘 셤 잘봤어용' '전 오늘 열심히 할꺼예요' 교수님~~하며 아이들이 연구실로 총총거리며 들어오며 수달떤다.~ ^^
깜지처럼 빽빽이 써내는 답지를 받아들면 이아이들의 노력의 무게가 묵직하게 느껴진다~
내일은 간식거리라도 챙겨줘야겠다~ㅋ~^^

104

내가 구부리거나 엎드려야
그들이 설수 있겠구나 싶었다.
엎드려 받쳐도 그들은
제대로 서지 못하고 휘청거렸다.
내가 당당히 똑바로 섰다.
그들을 부축할 수 없을지도 몰랐지만
그저 그들보다 한걸음 앞서
우뚝 섰다.
그들도 똑바로 섰다.
행복한 모습으로~
내가 휘청거리면 그들은 방황하고
내가 서면
그들도 바로 선다.
항상
나를 먼저 보자.
제대로 서서 가고있는지~~~

105

긴장한 모습의 면접온 청춘들이 나름의 눈빛으로 꿈을 얘기한다. 꿈은 자신만을 생각해선 안되고 사회를 생각하고, 세상을 생각하는 사람에게 보인다는 것을 이들에게 가르쳐야하는 것이 나의 몫임을 다시 한번 견성한다.

106

혼자서 곧장 직선으로 가면
가까운 단거리 목적지엔
빨리 갈순 있겠지만
먼 장거리는
함께 굽이 굽이 돌아가야
가는 의미를 진정 이해하며 갈 수 있다.
한그루 나무려면
잠시는 혼자 서있어도 되지만
푸르고 울창한 숲을 이루려면 함께여야 한다.
인생은 단거리가 아닌 장거리이니
굽이짐을 받아들이며,
잠시잠시
고독한 혼자여도 좋지만
가족, 친구, 동료들과 어울어져
함께가야 행복한 삶의 의미를
이해할수 있는 것이다.

107

문득 탁상달력 위의 2012란 숫자가 낯설다.
새로운 1000년을 연다며 지구촌 전체가 떠들썩하던 1999년의 마지막과 2000년의 시작이 엊그제 같은데 쳇바퀴같은 시간회전이 12바퀴나 돌아가고있다.
마크 트웨인은 살며 수많은 걱정을 했지만 실제로 일어난 일은 몇가지 되지 않는다 했는데 돌이켜보면 정말 그런것 같다.
필요없는 수많은 걱정과 생각들로 헛걸음질을 했던 시간들이 많았다.
하루동안 하는 수만가지 생각 중 90%는 쓸데없는 것이고, 이 쓸모없는 생각중 90%가 과거에 대한 후회니, 하루생각 중 10%만 집중적으로 최선을 다해 임하면 성공할 것이다라는 것이 메이오스법칙이다. 꼭 성공을 위해서가 아니더라도 지금 주어진 매순간의 시간에 몰입하는것이 삶의 지혜가 아닐까 싶다.
각자에게 허락된 쳇바퀴 회전이 몇바퀴 남았는진 아무도 모른다.
2020 2035... ... 탁상달력의 숫자가 오늘처럼 또 낯설게 느껴질때 그저 지금처럼 담담할 수 있다면 좋겠다.

108

열린 창을 통해 사알짝 불어오는 한줄기 바람이,
더운 목줄기를 타고 내리는 션한 맥주 한모금처럼
몸과 마음을 행복하게 한다.
한모금, 한줄기, 이렇듯 행복은 가까이있고 작은 것에 있는 것이다.

109

따각따각…톡톡…사각사각…보글보글…

수십년전~

아련한 기억 속에 대학 본고사 치러 가는 날위해 새벽밥하시던 어머니께 철없던 나는 '엄마, 좀더 자야 하는데 시끄러워요' 했던 것 같다.

따각따각…톡톡…사각사각…보글보글…

오늘 새벽~

딸아일 위해 새벽밥하던 아내가 내던 똑같은 소리…

잠깨울까봐 조심스럽게 그러면서 따뜻한 밥 먹이려고 준비하는 아내…

새벽비소리와 어울어져

세상에서 가장 아름다운 선율처럼 들렸고

돌아선 아내의 뒷모습은 오케스트라를 지휘하는 송마에 같았다.~~ ♪♪♪

딸아이귀엔 수십년전 나처럼 잠깨우는 소리로 들렸을지도 모르지만 그아이 귀에도 이만큼 세월의 무게를 지고난 후에라야 세상에서 가장 아름다운 음악이란걸 알게 되겠지~~~ ^^

110

한치앞도 보이지않는 새벽 안개...
그러나 얼마지나지않아
언제 그랬냐는듯이
화알짝 걷히고
오색 찬란한 가을산의 자태를 드러낸다.
우리네 삶이 늘 새벽안개처럼
한치앞도 예측 할 순 없지만
자연의 순리에 순응하며
기다림의 미학으로
매순간 최선을 다하면
어느샌가
활짝 걷힌 가을 하늘처럼
내 삶의 모습이 선명하게
드러나보일 것이다.

제자들과 함께 연수온 홍천에서...

111

끝말잇기를 한다.

...위기~ 기회...

기회는 항상 어려운 고난과 함께 온다.

그래서 위기는 곧 기회이다.

그런데 문제는 그저 힘든 고통이라고만 생각하지 그것이 기회임을 모른채 놓친다는 것이다.

내게 온 고통스런 위기가 기회임을 알아채기 위해서는 다양한 경험이 필요하다.

그러니 두려워말고 도전하고 실행해보라. 시행착오를 겪어봐야 기회를 알아채고 잡을 수 있는 것이다. ~^^

112

과거는 묻어두고

미래는 예측치마라.

현재,

살아있는 지금에 충실하고

실행에 옮겨라.

용기있게

끈임없이 성취하고 배우면서

실행하고 기다리는

미학을 만들어보라.~^^

113

'내가 너한테 이랬는데 넌 어떻게 나한테 이럴수 있니?'
참 많은 트러블들의 근원엔 이런생각이 뿌리를 내리고 있다.
나를 중심으로 하는 이기심과 댓가를 바라는 관계성의 왜곡 때문이다.
이를 극복할 수 있는 것은
인간본연의 마음이자 세상의 이치인
배려하는 마음이다.
상대의 마음을 먼저 보살피고 헤아리면 삶자체가 행복하고 풍요로워진다. ~~^^

114

가을비가 제법 세차게 내린다.
이비에 어여쁜 단풍잎이 낙엽되어 떨이지겠지
날씨도 꽤 스산하게 쌀쌀해지겠지...
지난 여름 유난히 강했던 태풍과
폭풍우에 시달리면서
나무가 크고 강해지듯이,
우리도 고통과 시련을 극복하면서 쑥쑥 성장한다.
가을비를 겪은 나무가 어른스러워지듯이
외로움과 고독의 시간을
명상으로 스스로를 들여다보는 가을을 보낸다면
마음이 한껏 어른스러워 질 것이다.~~

115

겨울옷 꺼내다 문득…
늘
사람들은 나에게 맞는
옷을 찾고
어울리는지 확인한다.
장농속에서
맘에 드는 옷을 찾지 못하면
입을 옷 없다고 투덜거리다
새옷 쇼핑한다.
그래서 옷장속 옷은 쌓여간다.
늘
모든 것을 나를 기준으로
내맘에 들도록
내 기준에 맞지 않는다고
밀어내면
옷장속 쌓인 입지 않는 옷처럼
다른 이들의 마음에 상처가
쌓여간다.
이젠
나를 옷장속 옷에 맞추어보라
나온 뱃살 줄여 옷에 맞추면
몸매도 건강도 낡은 옷도
새로이 변화시킬수 있다.
이젠
다른이들을 먼저 배려하는 맘으로

상대를 이해하고
먼저 손을 내밀어보라.
인생은 오해와 이해라는
관계성의 연속이다.
오해는 나를 중심으로 하기때문이고
이해는 너를 중심으로 하는 것이다.
내맘에 들지 않는다고 멋진 옷과
사람을 오해하여 버려두는 오류를
범하지말라.
너에게 나를 맞추어가려는 노력으로
장농속 옷과 가까이있는 소중한 사람을
이해하게 된다면
어느덧 나의 관계성은
명품이 될 수 있으리라.~~~^^

116

내맘과 다르다거나 나중심적 이기심때문에 정신 줄 놓게되면
하늘올려다보고 머리를 텅 비우세요. 과거의 생각에 묶여 초조해말고
흐르는 물과 구름처럼
자연스러워져 보세요.
사소한 말 한마디나
왜곡된 편견과 오해에 흔들리지말고
늘 그자리를 지키는
산처럼 물처럼 의연해지세요. ~~

117

외롭다?
두렵다?
걱정이다?
거울에 자신을 비춰보며 물어보라.
왜 외롭고
무엇이 누가 두렵고
어떤일을 걱정하는가…
더하고 곱하려고만 하니
외롭고 두렵고 걱정인게다
누군가가 내게 와주기만…
더갖고싶은데 그러지 못할까봐…
일어나지도 않은 일을 망상하며…
모든걸 비워내라
빼고 나누어라
쓸데없는 욕심과 생각들을 빼고
내가 먼저 나누면
외롭지도
두렵지도
걱정할 일도 사라지리라.
인생사칙은
더하기 곱하기보다
빼기와 나누기가 더 중요하다.~~^^

118

만들고 쌓고 이루려고...
혈연, 지연, 학연...
인맥, 경력, 부, 명예...
대선 후보들부터
스펙스펙하는 청춘들
xx팡을 위해 하트모으는 청소년들...
한걸음 뒤로 물러나
한호흡 길게 쉬며
지금 내가 가진 것들,
건강한 몸과 마음,
사랑하는 부모형제,
어깨동무할 수 있는 친구,
열심히 몰두 할 수 있는 일과 학업,
지금 내가 가진 이 모든 것에 감사하고
잘지켜내는 것이
만들고 쌓고 이루려고 무거운 마음으로 안간힘쓰는 것보다 소중하고 중요하다.

119

한적한 겨울바다를 바라보는 두사람
한사람에겐 횡량한 황폐함이 보이고
다른이에겐 낭만적 아름다움이 보인다.
오색빛 물든 가을산을 바라보는 두사람
한사람은 지난여름의 푸르름만 그리워하고 다가올 겨울의 스산함을 두려워한다.
다른이는 붉게 물든 가을빛과 높은 하늘의 어우러짐에 감동하고 기꺼워한다.
같은 곳, 같은 것을 바라보지만
행복한이에게는 아름다움과 현재가 보이고
불행한이에게는 어두움과 과거에 대한
후회, 내일의 불확실성에 대한 걱정과 두려움만이 보인다.
무얼 보고싶고 무얼 느끼고 싶은가~
지금의 모든 것에 감사하고
행복에 눈을 떠라
그러면 아름다움이 보일 것이다.~~

120

주문을 외워보세요
'괜찮아 질거야'라고
주문을 외워보세요
'잘해낼거야'라고
주문을 외워보세요
'행복해질거야'라고
주문을 외워보세요
진심으로 바라고 원하는 것들을 위해
외운 주문은 실행의 원동력이 되고
실행의 결과물이 성취이니
주문대로 이루어지리라.~^^

121

결과만으로 평가하고 평가받는 풍토가
심각한 부작용을 양산하고있다.
목표를 달성하고 꿈을 실현시키는 것 이상으로 노력하는 과정이 중요하다는 사실을 잊어선 안된다.
과정의 노력이 긍지와 보람을 낳고, 인간다움을 만들어내니
사람사는 행복의 가치는
결과가 아니라
땀이 스민 과정에 있는 것이다.

122

조기취업한 아이들이 오랜만에 중간고사 보기 위해 왔다…
요즘은 지방대에서의 2년 과정은 넘 짧은듯하단 생각이 부쩍든다.
통학하는 아이들…
기숙사있는 아이들…
인근 대학촌에서 하숙, 자취하는 아이들…
공유할 수 있는 시간이 넘 부족하다.
수많은 피스의 퍼즐을 완성해 갈만하면
또 새로운 퍼즐 조각들을 맞춰가야한다.
덜숙성된 헤어짐에 익숙해질수록
더많 이 알지 못하고 일찍 떠나보내는 아쉬움의 길이는 길어지기만 한다.~~~

123

TV속…
소아암병동 중환자실에 있는
딸아이와 엄마가 창을 통해보며 인터폰으로 대화를 한다.
'엄마 소리가 잘안들려~ ' 하던 아이가 병실안으로 들어온 엄마손을 잡더니 조용히 눈을 감든다.
아이 머리맡엔 아이가 그린
엄마그림이 있다.
아~ 먹먹하다.
그저 천사가 되기바라는 기도만…

124

보이는 대로 보세요,
들려오는 대로 들으세요,
느껴지는 대로 느끼세요,
오감을 내게 맞추려
주의를 기울이거나
어깨에 힘을 주거나
어금니 를 꽉 깨물거나
긴장할 필요는 없습니다.
조용하게
보이는 대로 보고,
들려오는 대로 듣고,
느껴지는 대로 느끼며,
유연하게 자연스러워지면
모든 것이 명료해집니다.~^^

125

~~~날하면 왠지 코끝이 찡하고 눈가가 촉촉해지는걸까? 생일날 케익을 주고 받으면 ~입학 졸업식날 꽃다발 주고 받으면~ 그리고 어버이날 스승의날 카네이션 한송이 주고 받으면~
사랑과 공경을 다하지 못한 어리석음 알지만 그저 감사하기 때문에 그렇기 때문에 뜨거운 한줄기 눈물에 기꺼이 볼을 맡겨놓는 것이다.
~~~

126

싱크로나이징보면 물위에 연출되는 모습은 아름답고 평안하기 그지없다.
이 평안함과 아름다움을 위해 수면아래선 참으로 치열한 수족놀림이 끊임없이 이어진다.
그 치열한 노력 하나하나에 행복바이러스가 묻어있기에 가능하다.
1교시부터 시작된 강의는 중간 공강 몇시간 빼고 야간강의로 이어지고
공강시간엔 학생상담, 행정처리로 점심 놓칠때도 있고
틈틈이 딸님들 문제로 여기저기 통화하고 멜보내고 받고
사랑하는 송찌랑 이런저런 두런두런하기도하고
여기 아부지 부산아부지엄니 안부챙기고
ㅋㅋㅋ 수면 아래의 싱크로나이징같다.
그런 나로 인해 학교와 학과 제자들이
그리고 내가족들이 아름답고 평온한 모습일 수 있으니 얼마나 감사한가~
더 열심히 자맥질해야겠다. ㅋㅋㅋ

127

더러워진 물도
시간이 흐르면 다시 맑아진다.
지금 힘들고 혼탁함 속에서
어려움을 느끼고 있다해도
가고자하는 곳으로
방향키를 정확히 잡고
견뎌나가는 지혜를 발휘한다면
더러운 물이 다시 맑아지듯
길이 열릴 것이다.
삶의 방향만은 잃지 말라.
그러면 인생은 살만하다.

128

반복되는 잘못된 습관은 자신을 변화시키는데 가장 큰 걸림돌이다. 게으르거나 사소하게 생각하는 나태함이 열정을 빼앗고 부정적으로 생각하게 한다.
이로인해 매사 남탓하고 스스로 합리화하는 못된 습관이 뿌리내리게된다.
이 잘못된 습관을 뿌리채 바꿀수 있는 가장 빠른 시간은 지금이니 바로 실행해야한다.

129

거울를 보세요
자신의 모습이 어떻게 보이나요?
마음거울을 보세요
자신의 내면이 어떤가요?
혹시 밉게 보이거나
마음이 아픈가요?
스스로를 이쁘게 보세요
마음을 따뜻하게 쓰다듬어 주세요
자신을 먼저 소중하게 생각하고
사랑해야
다른이도 사랑스러워져요
스스로 밉다고 아프게하면
다른이를 사랑할 수 없어요
자신도
다른이도
사랑하세요~^^

130

욕망과 욕심은
채우기, 더하기, 곱하기에만
연연하는 인간욕구의 부작용이다.
먹이를 든든히 먹어 배를 채운 동물들은 다시 허기질때까지는 비워내며 어떤 먹잇감에도 관심을 보이지 않는다.
그런데 인간은 금방 배를 채운 후에도 또다른 것으로 채울 것을 욕망하고
욕심부린다.
비우기, 빼기, 나누기에
익숙해가는 마음훈련으로
인간욕구의 선순환작용을 통한
새로운 인생 사칙연산을
만들어가야한다.

131

오뎅,양파,고추...안젤라레시피따라볶음완료~!
오뎅은안젤라,양파와고춘도연선민필경, 고추장과간장섞어만든양념은나~ 색깔도크기도다르지만 적당한온도의불과 휘휘젓는쉼없는손노력으로 이렇듯잘어우러져 맛을내고있듯이 우리가족도 몸으론 신명난노력 맘으론 배려와 사랑으로 맛깔나게 어우러져 행복하자~늘~쭈욱~^^

132

옛날엔
조금 쓸쓸함이... 외로움이... 서늘함이...
그래서 가을인가보다 했다.
지금은
조금 소소함이... 행복송이들의 영긂이... 하나둘 거두어들임이...
그래서 가을인가보다.
내일은
조금 나누어 홀가분해짐이...
더주어 미소지음이...
낙엽처럼 쌓이는 사랑의 빛남이...
그래서 가을이구나 할 것 같다.

133

모두가 함께하는 세상에 도움이 되는 일을 하고 싶은가요?
그렇다면 아름다운 꿈을 가지세요.
꿈을 향해 가기위한 아름다운 목표를 세우세요.
그리고는 거침없이 그 목표를 향해 가야합니다.
두려움없이 가야합니다.
이것이 나와 세상을 아름답게 변화시킬 수 있는 길입니다.
이것이 꿈과 목표가 있는 사람이 아름다운
이유입니다.

134

새벽이 나를 깨웁니다.

난 참 작은 사람입니다.
난 참 부족한 사람입니다.
난 참 초라한 사람입니다.
한땐 큰 사람이 되려 했습니다.
한땐 채우기만 하려 했습니다.
한땐 부유해지려 했습니다.
지금 난 작지만 행복합니다.
지금 난 부족하지만 나누려 합니다.
지금 난 외연은 초라하지만 마음은 초라하지 않습니다.

새벽이 나의 마음을 깨웁니다.

135

오랜만에 누구를 만나거나 어딘갈 가게되면 "변한게 없네~"라고 한다.
세상은, 사람은 변하지 않는다.
우리네 눈이, 생각이, 마음이 변한 것일 뿐이다.
변해버린 마음을 제자리 찾게 하면
모든 것은 행복하게도 "변한게 없다"
한결같음에 감사하자~~~^^

136

부모는 자식들에게 그대로 투영된다.

1. 아빠가 갑자기 돌아가시고 엄마가 딸셋을 키우셨다.
갑자기 어려워져 중,고생이던 딸셋을 야채밭을 일궈 내다팔며 비닐하우스서 살던 어느날 밤,
늦게 돌아온 엄마손엔 팥빵 5개가 있었고 첫째와 둘째가 두개씩먹고 막내가 왜 자긴 1개뿐이냐며 울며 투정을 부렸는데 그때 아랫마을 사는 이모가 미역국 냄비를 가져왔다.
그날은 엄마의 생일이었다.
이 엄만 늘 세딸에게 '옷차림은 다소 초라해도 마음이 초라해져선 안된다'라고 가르치며 대학까지 졸업시키며 마음이 초라하지 않은 딸로 잘길러냈다.
이 세딸 중 막내는 이름만 대면 아는 가수다.

2. 중견기업 CEO인 아빠와 피부관리실 운영하는
엄마 사이에 초등학교 5학년 아들이 하나 있었다.
돈문제와 서로의 불륜을 탓하던 부부가 이혼을 앞두고 아들에게 물었다.
누구랑 살래라고...
초등생 아들의 대답
'할머니랑...'
이 아이는 결국 몇년후 ... 마음이 초라했기에...

부모는 자식들에게 그대로 투영된다.

137

와라. 받으마 기꺼이~
기쁨도 슬픔도 행복도 불행도 고통도
무엇이든 오면 오는대로
다 받아줄 것이다.
가벼이 들뜨지도
쉬이 절망하지도 않을 것이다.
그저 순리대로
자연스레이 맡기고 순응하며
즐기리라.
그러니 좋다 다좋다.
오라 무엇이든지
받으리라. 자연스러이~~^^

138

고속도로 휴게소를 스쳐지나니 따뜻한 호두과자생각이 간절하다. 승용차 탔으면 들러서 먹을수 있었을텐데...아쉬움달래고 보니 그래! 터미널에 도착하면 그곳에서도 호두과잘 살수 있구나하며 만족스럽게 히죽 웃었다.
지금 당장 가질 수 없음에 안타까워마라. 조금 기다리면 가질 수 있는 기회가 내게도 반드시 온다~^^

139

삶과 죽음의 갈림길에 놓여 있을때 사람들은 슬퍼하고 후회하고 참회한다. 그러나
정작 슬퍼해야 할일은 자신이 지금 가지고 있는 것이
얼마나 소중한 것인지를
모르고 산다는 것이다.
행복? 행복이란
지금 내가 가진 모든 것을
소중히 여기는 것이다.
지금 가진 모든 것들의
진정한 가치를 깨닫고
소중히 한다면
삶과 죽음의 갈림길에 놓여질 때
행복하게 웃으며
초연히 그 길을 건널 수 있는 것이다.

140

똘망한 눈망울로 아장거린다.
갸우뚱 머리돌려 뒤돌아본다.
오목진 손을 흔든다.
분신술쓴듯 둘 셋으로 보인다.
눈망울에 이슬이 맺혀서였다.

141

불확실한 내일에 대한
집착과 쓸데없는 걱정이
오늘 나를 작고 소심한
겁쟁이로 만든다.
아무것도 일어나지 않은 내일을 예측치마라.
그러면
오늘 나는 용감한 모험가가 된다.
오늘 이순간이 가장 소중하니
무에 거칠게 있겠는가~!
소리쳐보라~ "물렀거라~~!"라고~~

142

부모, 스승은 자녀와 제자들에게
그들이 어려움을 겪으며
절망하고 좌절할 때
야단치고 질책할 것이 아니라
이아이들이 어떻게
그 상황을 이겨내도록 할 수 있을까를 고민하고
소통하려고 해야한다.
어제 나의 모습이
지금 그들의 모습임을
기억해야한다.

143

터널에 들어서면
조금전 밝은 곳에 있었음은 잊는다.
길고 어두운 터널이 답답하다고만 생각한다.
금새 터널의 끝에 이르게되는데...
터널을 지나
밝은 곳으로 나오면
조금전 어둔 터널속에 있었음도 잊는다.
아무리 길어도 터널엔 끝이 있고
어둔 터널을 지나야 밝음이 눈부심을
배우게된다.
우리네 삶도 이러하다.~~~

144

내가 하면 '공감'
네가 하면 '유감'
너도 나도 아니면서 부추기면 '완전비호감'
국민은 '불감'!!!

나는 '부인'
너는 '시인'
너도 나도 아니면서 나서서 '유인'
국민에겐 '봉인'!!!

145

어울리는 옷입기란 참어려운가보다...
평소 참 멋있다 생각하던 어떤이가
잘 어울리던 옷을 벗고
새옷을 입으려하는데
그이의 몹시 경직된 모습이
낯설다.
낯선 모습에서 그친다면
새옷은 입지않은 것 보다 못할 수 있다.
헤어스타일만 바꿔도 달라져보이는데...
그로인해 내가 갈아입을 때가 온다면
한번더 거울을 봐야겠다.
기왕 갈아입었다면
낯설지않고
멋있는 모습이었음 한다.
그러려면 다른이의 입성의 유행과 트렌드에
겸허한 수용이 선행되얄듯...
정말 잘어울리는지
거울을 한번더 보는 여유를...

146

어제와 내일은 오늘을 축으로 영원하다.
그러나 삶의 시계는 한정되어있다.
누구에게나 영원하지 않은 삶의 시간속에서
그삶의 질을 행복하게 하려면
매순간을 아끼어 유의미하게 만들라.
그러면 비록 유한한 삶이지만
어제와 내일을 오늘을 축으로 영원한듯
삶을 기꺼워하며 행복할 수 있다.

147

보석, 보물…
처음부터 보석이고 보물인건 아니다.
원석을 갈고 다듬으며 많은 부분들을
버리고나서야 보석이 되고…
오랜시간동안 영화와 풍파를 겪고 나서야
역사담은 보물이 되는 것이다.
그렇다면
안젤라는 분명 내게 보석이자 보물이다.
하나뿐인 보석…
보물 제 1호…

148

아이들의 PT자료와 독서감상문을 읽으며
이들과 함께 할 내일은
분명 밝을 것이라는 확신을 갖게 된다.
이들과 함께 할 내일은
살만한 세상일것이라는 확신을 갖게 된다.
이들의 가슴엔
뜨거운 열정과 순수함이
창의적 꿈과 희망이
드러나지않은 수줍음으로 담겨져 있음을
알 수 있다.
이청춘들이 화알짝 가슴을 열어 젖히고
세상으로 달려나갈수 있도록
한결같은 행복한 길라잡이로 살 것이다.

149

오늘로 우리나라 공식 인구가 5천만이 된다 한다.
제각기 다른 모습과 이름을 가진 5천만이 이땅에 공존하고 있다는 것이다.
그래도 우리에겐 하나로 불리우는 이름이 있다.
"한 민족!!!"
갈등과 반목보다는 화합과 배려로 함께하는 5천만 한민족시대를 열자! ^^

150

난 왜 항상…

나만 왜…

난 왜이렇게 운이 없지…

자신에겐 뭔가 좋지 않은 일만생긴다…

운명이 내편이 아니라며

자책하고 자신의 삶을 방해하는 뭐가 있어 모든 것에 운이 따라주지 않는다고 믿는다.

타인으로 받는 상처보다

이렇게 스스로 내는 상처가

더깊고 아물기 어렵다.

내가 낸 상처는 누구도 치유할 수 없다.

스스로 부정적 기운의 늪에서

헤어나와

호의적 중용적 시각과 안목부터 찾고

매순간 호흡처럼 긍정적 텃밭에

나를 심어라.

어느새 내곁에 수많은 행복의 세잎크로버와

여기저기 숨은 행운의 네잎클로버가

함께 하고 있을 것이다.

151

아시나요,
숨겨진 아름다운 미소를
아시나요,
퉁퉁뒤의 진심어린 염려를
아시나요,
통통한 손끝으로 전해져오는 믿음을
아시나요,
로얄제리와 타이에 묻어있는 명품사랑을
아시나요,
그런 그대가 내겐 명품인 것을~~^^♥

152

여의도랑 국회.
서울에서도 치열하기로 소문난 두 곳.
하지만 이렇게 멀리서보니 저곳 마저 아름답다.

좀 떨어져서 바라보자
그럼 그도 아름답게 보일거다.

좀 천천히 기다려보자
그럼 그녀도 사랑스럽게 보일거다.

153

같은 공동체 생활을 하면서
한번도 대화해보지 못한 이가 있다면
오늘은 먼저 그이와 소통을 해보라.
혼자갈 수 없는 것이 인생이니
가까이있어도 낯설었던 인연들과
소통할줄 알아야
그 소통과정을 통해
자신과 스스로 소통하는 법도 배우게 된다.
거울에 비친 내모습조차
어쩌다 보면 낯설게 느껴진다.
나의 거울일수도 있는
가깝고 낯선 이들과 소통하고
반추해보라.
어느새 가장 낯익고 소중한 인연이
되어있을 것이다.

154

홀쩍 커버린 행운목

조그마한 행운목에 며칠 한번 물주며,
아프지말고 잘 자라다오라고 덕담 한마디한게 전부인데
어느새 훌쩍 커버려 화분이 작아보인다.
곧 분갈이를 해줘야겠다.
맘껏 자랄수 있도록

어느새 훌쩍커버렸다.
내 아이들도
맘껏 더 커갈 수 있도록
더 큰 세상에서 자유롭게
선택할 수 있도록
행운목 분갈이 해주듯
더 넓은 세상의 문을 열어주어야겠다.

내가 내 행운목에 뭔가를 해줄 수 있음에
내가 내 아이들에게 뭔가를 해줄 수 있음에
감사한다.

155

잘한일이든 못한 일이든
인정한다는것은 힘든 일이다.
잘한일을 인정하면 교만이라 하고
잘못한일을 인정하면 굴욕이라 여긴다.
스스로 자신의 마음에 일어나는 일을
작고 큰 기쁨과 슬픔의 소용돌이를
각성, 인정하라.
한결같은 맘으로~~
인정은 배움의 시작이고
겸손과 감사의 출발이자
모든 관계의 거름이기도 하다.

156

고속버스 창너머 산등성이에 세워져있는 철탑을 보다 문득 누가 저 높은 산에 저높은 철탑을 세웠을까? 문제가 생겼을때 누가 올라가 고칠까? 등등...
그러고 보니
우리가 누르고있는 모든 혜택들 하나하나뒤엔 수많은 영웅들의 보이지 않는 땀과 노력이 있는 것이다.
이 순간에도 더위와 씨름하며 묵묵히 힘든일을 하는 분들, 그들을 영웅이라 부르고 싶다~!!!

157

샐리의 법칙

'엄청나게 밀리지만, 내 차선은 쭉쭉 잘 빠진다.' 영화표를 끊고 돌아서는 순간 매진이라는 푯말이 걸린다.' 정류장에 나가면 바로 버스가 온다.' 공부하다 졸린 참에 갑자기 정전이 된다.'

일이 술술 잘 풀리고 행운이 내 앞에 가득하다는 것, 샐리의 법칙은 좋은 암시를 하면 좋은 일이 일어난다.'는 잠재의식의 행운의 법칙이다.
긍정적인 생각은 긍정적인 결과를 낳는다. 머피처럼 안 되는 일에 속상해 하며 살 것이 아니라 샐리처럼 매사를 긍정적으로 생활한다면 힘들고 어려운 일이 닥쳐도 힘 있고 활기찬 생활이 될 것이며 결국 해피엔딩이 될 것이다. 우리 속담에 "자빠져도 코 깨진다"며 재수 없다는 것을 표현하는 말인데 "엎어진 김에 쉬어간다" 라는 말도 있다. 같은 일이 벌어졌지만 엎어진 김에 쉬어가는 긍정적인 마음가짐이 필요하다.

158

오늘 하루를 행복하게 살아가려면...
지금이라는 순간에 하는 일에 집중해야한다.
지금 라면을 먹고 있다면
면발의 쫄깃함, 국물맛에 집중하면
한그릇의 라면이지만 성찬이 되고
소화도 잘되어 위도 건강해진다.
고급 레스토랑서 비싼 코스요리식사를 해도 머리속 가득 걱정과 다른 생각에 사로잡혀있으면 음식 맛을 느끼지 못할 뿐 아니라 소화장애를 일으켜 건강도 해치게 되는것이다.
매사에서
지금 이순간에 하는 일(그일이 무엇이든)에 집중하는 것이 하루하루를 행복하게 살아가기위한 비답인 것이다.

159

길을 갈때 앞만보고 간다하여
목적지에 일찍 안전하게 도착하는 것이 아니니 좌우를 살펴가며 가야하듯이,
삶의 여정도 앞으로만 가게되면 쉬 지치고 가치있는 것들을 놓칠 수 있습니다.
잠시 쉬어가며 좌우를 살펴
진정 소중한것들을 챙기며 가야
행복할 것입니다.

160

참으로 작고도 작은 존재가 인간인가보다... 뉴욕 한복판 어느 고층 건물안의 한공간에선 지금 어떤이가 무엇을 하고 있을까... 도쿄 어느 거리에선 지금 어떤이가 무엇을 하고 있을까... 베이징 쇼핑센터에선 지금 어썬이가 무엇을 하고 있을까... 수천만대의 운행 중인 자동차 안에선 지금 어떤이가 무엇을 하고 있을까...
복잡한 지하철안의 작은 공간에 있는...
영화관과 공연장 객석의 한자리를 차지하고 있는...
70억 중 한명...
5억천만제곱킬로미터 중 2제곱미터면 한몸 누일 수 있고...
존재감위해 안간힘 써도
떼지어 몰려다니는 개미군단속의 개미한마리의 모습과 다른게 있을까...
그래두 그래두 말이다...
우주의 중심은 나다.
작은 점과 같은 존재이지만
그점이 중심점인 것이다.

161

자신은 세상 어느 누구와도 다르다는 사실을 깨닫고 안정하세요.
늘 자신이 남보다 2% 부족하고
불만스럽게 느껴지는것은
내가 갖지 못한 것에만 집중되어있기 때문입니다.
내가 가진 98%를 남들도 부러워합니다.
내가 가지고 있는 것에 감사하세요.
내가 가지고 누리며 가벼이 여기는 사소하고 작은 것들이 다른 누군가에게는 정말 간절하고 큰 것일 수 있습니다.
행복하고 감사한 마음으로 나누어가지려는 마음을 갖는게 어떨까요?

162

흐린날보다 개인날이 더 밝은 것은
개인날의 해가 더 밝아서가 아니라
구름이 걷혀서이다.
나, 너, 우리 모두에겐 똑같은 마음의 해가 빛나고 있다.
다만 끼여있는 구름의 정도가 다를 뿐이다.
구름은 걷히고 개이기 마련이니
지금의 마음 날씨를 받아들이고
흐림뒤의 밝음에 감사하고 기다리면
화알짝 개인 날이 밝게 비추며 기다릴 것이다.

163

우리네 삶 참 아이러니하다...

초중고 12년, 많은 사교육비 들이며 쳇바퀴돌듯 주입식교육에 지치고, 대학 2~4년, 좋은(?) 직장에 취업하려고 스펙쌓느라 청춘의 가슴은 황폐해지고 채에 걸러지듯 사회로 쏟아진다. 초봉 2~4천짜리 사회인되려고 황금같은 15년을 투자한 셈이다.

9 to 6의 또 다른 살벌한 세상에서 삼겹살 한점과 쇠주한잔에 수많은 사연을 담으며

쏜살같은 세월의 외줄을 타다 40~50대가 되면, 그나마 나름 승승장구한 이들은 30평대 자기집과 중형차에 외줄타고오며 수십년모은 재화를 다 쏟아붓는다. 고작 하루 몇시간 몸을 맡길 집과 차에...

결국 안간힘다해 손해보는 삶을 힘겹게 살아내고 있는것이니...

무에 그리 안달복달 아웅다웅해야하나...

청춘 아니 그보다 훨씬 전부터 좋아하고 창의적이어서 즐겁고 행복한일을 선택하고 즐길줄아는 방법을 배우고,

평생 소박한 현재의 건강한 순간들과 동반자들에게 감사하며,

지금이라는 순간이 곧 과거가 되고 또 미래가 곧 지금이 되는것이니 지금이라는 매순간에 행복하게 집중하여 살 수 있는 지혜와 가치 기준을 가져야 할 것이다.

2부
너

끊임없이 사랑하렵니다.

더 많이 줄 수 없음에

안타까워하고

나없이 즐거워해도

당신의 기쁨이라면

함께 기뻐해주고

그저 한결같고

깨끗한 사랑으로

오랫동안

나는 당신을 그렇게 사랑하렵니다 ~

1

한국을 떠난지 벌써 10년이 다 되어가네요..
그리운 친구들, 선생님들, 가족들 못본지도 굉장히 오래 됐어요..
학교에 꼭한번 가봐야지 굳게 마음 먹고 한국에 가지만, 생각보다 쉬운일이 아니어서... 항상 죄송한 마음 뿐입니다. 교정이 많이 변했네요... 졸업하고 한번도 찾아가지 못해서....
항상 긍정적이신 교수님의 모습에 세월의 흔적을 찾아볼수가 없네요... 건강하세요...
전 지금 중남미에 살고 있습니다.

2

교수님^^
안녕하세요? 간호과 **입니다^^"
매번 교수님께서 잊지 않으시고,,
문자 보내주시는데 제대로 된 답문 한번 보낸적이
없네요..ㅠ_ㅠ
내일 스승의날인데,, 이렇게 글로 남겨서
죄송해요..!
같은 캠퍼스네임에도 불구하고 직접 찾아뵙지 못해서 죄송해요.. 글두 저 잊지 말고!! 기억해주세요! 교수님의 한마디 한마디가 큰 힘이 되고 너무 반갑고 좋아요! ^^*
좋은 하루 보내세요!

3

안녕하세요~ 교수님

저 **이예영~~

기억하실지 모르겠습니다...

종종 아주 많이... 강의 빼먹었던..... 그 학생입니다 ㅎㅎ

호호~ 건강한 모습 정말 보기좋습니다 교수님...

찾아 뵙구 인사드려야하는데 이렇게 글로 인사드려서 죄송해요.

감기가 많이 유행이던데... 감기 항상 조심하시구요~

종종 놀러오겠습니다^^!

4

교수님 ***입니다.!!

새해 인사가 늦었습니다~^^;;;;

새해 복 많이 받으시고, 항상 건강 잘 챙기시구여

이번해에 이루고자 하시는 일들 모두

이루시길 바랄게요.

오늘 하루도 행복하게 보내세요^^

구헌철 : **야~~아니 *** ㅋㅋ

여전히 여사님처럼 지내겠지?

**도 토끼처럼 깡총 한걸음

성장하는 한해되기바란다^^k

5

저는 **하구 명동서 재미있게 놀았어요^^
저두 사진 올렸구요~ 함 구경 오세요^^
저 1월 9일날 내려갈꺼같은데? 서울오셨다가 가실껀가요?
그때 그럼 알탕 먹어요^^;;
망년회 잘하시구요.
항상 절 챙겨주시는 교수님께 너무 감사드려요
카드는 못 드렸어도 ㅠ 제마음 이해해 주셨으면 해요.
교수님은 저에게 많을 걸 배우게 하고, 많은 것을 주신 분이에요~
제가 앞으로도 교수님께 연락 잘 드리고 착하게 이 삶을 살아갔으면 좋겠네요~
교수님 앞에서는 자세히 말 하지 못하고 발음이 조금 이상하지만!!
이렇게 글로 써보는것도 나쁘지 않을 것 같네요 이제부터 이렇게 글로 교수님께 궁금한거 힘든거 말해볼래요^^

6

교수님~! 안녕하세요!ㅋ
치위생과 2학년 ***입니다ㅋ
방학동안 토익 공부를 열심히 하려구요!
개강중에 했던 토익 수업을 끝까지 못듣고 실습을 나가서 너무 아쉽습니다..ㅜㅜ
감기 조심하시구요~~!
Merry Christmas

7

교수님! 안녕하셨어요? 정말 오랜만이죠.. 한국 많이 춥죠? 항상 감기 조심하시구요, 건강하세요. 교수님의 그 밝던 모습이 많이 그립네요. 많이 생각나고 보고싶어요. 저는 이곳에서 고모와 ㄱㅁ부와 아주 잘 지내고 있구요, 학교 생활도 잘 하고 있어요. 이번엔 한국에 가서 교수님 뵙나 했는데, 제가 있는 이곳 "차타누가"에서 "아틀란타"로 가게 되었어요. 그곳엔 한인타인도 있어서 정말 한국 같구요, 친구들도 많이 만나고 저에겐 좀 더 낳은 장소이자 기회인지도 모르겠어요. 조금은 기대도 하고 있구요, 잘 됐음 좋겠어요. 항상 건강 챙기시고, 웃음 잃지 마세요. 만병통치약, 스마일^^ 또 찾아 뵐께요. 안녕히 계세요. 메리 크리스마스! 헤피 뉴 이얼!

구헌철 : 멀리서 많이 외로울텐데
잘견디는 **이가 대견하기만 하구나ㅎㅎ
뭐든 도움이 필요하면 언제든 SOS 알지?
홧팅!!!^^

8

교수님 저 기억하시나요? ^^ **이여 몇학번인지 내가 다 까먹었네여 ^^ 스승의날 감사인사드려여 ^^ 다들 잘 계시져? ^^ 제천한번가야하는데 쉽지가 않네여 ^^ 벌써 아이둘 낳고 살고 있어여 ^^ 한번 애들 데꾸 놀러갈께여 ^^ 교수님께 인사도 드리고 ^^ 스승의은혜 감사합니다 히히히

9

안녕하세요 교수님 ***입니다. 즐거운 주말보내셨나요. 어제 제천에 눈이 펑펑왔는데 혹시 보셨는지요? 교수님 싸이에 오랜만에 와보니 많은 생각들이 스쳐갑니다. 많은 아쉬움과 모자름이 많아서 속상하기도 하지만 욕심만 부린거 같아 반성하고 그동안의 것들을 바탕으로 앞으론 많이 달라지려고 노력하려고합니다. 그동안 감사했습니다.
교수님께 그저 철없는 말안듣는 제자였지만 교수님께 진심으로 감사하다고 말씀드리고 싶었습니다.
감사합니다. 교수님.
그리고 조금 더 신중해지고 확실한 목표를 그리겠습니다. 교수님 행복한 꿈 꾸시고 내일 학교에서 뵙겠습니다 *^^*

10

교수님 저 **에요
영국 초반에는 엄청 힘들었는데요
한달이 되다보니 적응대고 웬만한 말은
할수 있어서 학교다니기 편해졌어요
그리고 세네카는 졸업하고 편입하는지 몰랐습니다 ㅠㅠ
아 질문이 있는데요
혹시 복학은 4월달까지 받나요?
저 5월초나 중순에 한국에 들어갈듯 싶어서요
죄송합니다 교수님 ㅜ

11

안녕하세요 교수님!
교수님 싸이에 오랜만에 글을 남깁니다!!
즐거운 주말 보내고 계신가요
오늘 토요일은 교수님 스킨처럼 날씨가 화창했어요
그런데 오늘은 바람이 너무 많이 불어서 조금
많이 추웠어요ㅠㅠ
감기조심하세요^^!
이번 3월은 정신없고
제가 1학년이 된 것같아 걱정스러운 맘이
큽니다!

12

교수님..
학교에서는 부모가 교수님이라고
하신 말씀 잊지 않아요..
감사드려요!
신입생환영회못간것..
이해해 주실거라 생각해요~

13

교수님~
안녕하셨어요??
아프신데는 없으시죵..?
너무 오랫만에 들렸네요 에공~
내일 마니마니 춥다고 하니 집에만 계세요..ㅎ
따뜻한 차 한잔의 여유~
교수님~~~ 아 노래 너무 귀여워요^^
크리스마스가 무척 기다려져요!~
집에서 쉬니까 너무 이상해요...
이번 방학 때 영어공부 열심히 해갈게요~~

14

안녕 하세여 ^^
지금 이스트 우드에 일자리 잡고 오늘이 2일째 출근 했습니다 아직 호주에 대해서는 아무것도 모르지만 그런데로 생활 하고 있네요 ^^
제가 이스트 우드로 옴기고 나서 인테넷이 안되서 이제 연락 드립니다 ㅎㅎ 제가 연락처 남겨 드린다 했는데 저번엔 번호를 몰라서요
******* 입니다 .. 어느 정도 자리를 잡아야 하는데 .. 아직 호주에 대해 아는게 없어 좀 두렵기만 하네여 ^^
또 연락 드릴 께요
그럼 오늘도 멋진 후배들.. 잘 다스려 주세요 ^^

15

밤늦게 이렇게 교수님께 글을 쓰네요..
벌써 2학기 중반이예요..
1학기도 정신없이 지나가면서
스티디할 기회를 많이 가지시 못했었는데
2학기 들어서서
학과행사다 보강이다 해서
어쩌다 스터디를 할 기회가 많이 없어졌어요..
정말 의도치않게 이렇게 되버려서
정말 안타깝게 생각하고..
생각처럼 시간이 맞춰지지 않네요..
교수님도 저희를 위해서 시간을 내주시는 것인데....
그런 교수님의 마음을 알면서도 그동안 잘 못한거 같아서..
정말 죄송스럽게 생각하고 있습니다..
문자로 얘기하기엔 너무 긴 얘기라
이렇게 미니홈피를 통해 얘기합니다..
항상 교수님의 수업을 들으면서
정말 공부만을 위한 얘기가 아닌
앞으로 살아가면서 도움이 될만한..
깨달음을 얻을 수 있는 얘기들을 해주셔서
얼마나 좋은지 몰라요~~ㅜ
항상 교수님께 감동을 한가득 받고 있답니다♥
벌써 금요일 교수님 수업이 있는 날이네요ㅋㅋ

16

교수님 안녕하세요^^*
오늘로 토익수업 종강을 했는데요(아쉬워요ㅠ_)
그 동안 좋은 말씀과 핵심 쏙쏙" 강의^^"
잘 들었습니다^^*
교수님 수업시간은 다른 시간 들과 달리"
매 시간 토익수업 이외에 다시 한번 나를 돌아
보게 되는 시간을 갖게 해준 것 같아요..^^"
그 순간 만큼은 매일 학과공부에 치이는(?)
스트레스도 사라지고 저에게는 굉장히
특별하고 소중했던 시간이였던 같습니다~^^"
1학기동안 스터디활동 지도해 주신것도
너무 너무 감사하구요!♡
늘 하루 하루 행복하세요*^-^*

17

교수님~~ 오늘 일촌맺은 간호과 ***입니다.
저희 간호과 신입생중 두 명과
함께 토익 스터디그룹으로 교수님의 지도를 받고자 하는데 내일 찾아뵈어도 될까요??
교수님이 많이 바쁘실거라 생각되지만 꼭 참여하여 열심히 하고 싶습니다. 혹시나 하여 전화번호 남길께용~~ ^^

18

교수님 간호과 1학년 ***입니다 ^^

교수님은 저를 잘 모르실테죠 히힛 ;

항상 교수님 너무 멋지시고요

수업끝날때마다 해주시는 발씀

마음에 새기며, 잘듣고있습니다

저희한테 항상 희망의 말들,

좋은 메세지 전해주셔서 너무 감사해요

어버이날 교수님이 주신 엽서도

감동이었고

금요일날 해주시던 말씀 다 잊지못하시고

오늘 수업마치겠습니다 하는데

눈물이 나버렸습니다

ㅠ-ㅠ

항상 수업끝날때 감동적인 얘기들 좋구요,

정초코파이 감동이었어요

즐거운주말 보내세요♥

19

교수님 ㅠㅠㅠㅠ

죄송해용~

이 무심한 이 못난 제자를....

건강하시죠?

항상 생각은 하고 있으면서도

인사도 제대로 못드리고 .....

죄송합니다

벌써 졸업한지도 십년이 다 되어가네요

교수님!! 저 벌써 31살이예요~

헉!! 아직 결혼할 사람도 없고

결혼할 맘도 없어서 걱정이에요-

늦었지만 새해복 많이 받으시고요

자주자주 찾아와서 인사 드릴게요

꾸~ 벅~

♥

20

교수님 ^^
안녕하셨어요? 히히
새해 인사가 너무 늦었네요 ..
새해 복 많이 받으시구요.
하시고자 하시는일 다 잘되셨음해요 ^^
저는 너무 잘있구요~ㅋㅋ
새학기 시작해서 학교도 잘 다니구 있구요~
일도 열심히 하구 있구요~
친척이 12월에 와서 덜 외롭구,
훨씬 좋은거 같아요 ^^
그리고 4월이나 5월경에 한번 나갈거 같아요.
가면 찾아 뵐께요 ^^

21

교수님 안녕 하세여 호주 온지 3일째네요 ^^
처음 백패커로 자리를 잡고 지금은 ..이력서 때문에
돌아다니고 있네여 ^^
그리고 폰은 만들었어여 ^^
번호는 나중에 올릴께요 ^^

구헌철 : 그래^^ 처음이라 모든게 낯설고
힘들겠지만 잘해내리라 믿는다.
홧팅!!!^^

22

교수님~ 안녕하셨어요?

너무 오랜만에 들렀네요.

죄송합니다.

잘 지내시죠?

지난 여름에 강원랜드에 오셨었어요?

미리 알았으면 잠깐이라도 뵙는건데 너무 아쉬워요.

제가 일하는 사무실은 강원랜드 호텔 5층 프론트 옆쪽 고객만족팀 입니다.

현재 GRO 업무와 예약 업무를 맡고 있어요.

와~ 이제 새학번들이 들어오겠네요..

건강하시죠?

보고싶습니다 교수님~~

23

교수님~~♡

오늘두 어김없이 날씨가 넘 조아용^^

이런날은 어디라두 놀러 가면 좋을텐데... ㅎ

날씨가 넘 더워서 수업하시기 힘드시겠어요..

걱정..걱정..

요즘 들어 부쩍 교수님 생각이 히 히 ^----^

항상 아프지마시공 행복하셔야해요~~

24

여긴 시골이라 즐길것도 없구요 ㅋ
오로지 공부만 해야될거 같아요
그리고 ESL코스 선생님이 다니는
교회가 있는데요.
매주 수요일엔 교회에서 저녁을 줘요.
외국사람과 대화 할수 있는 기회가 있다고
해서 지난주에 다녀왔어요.
사방에서 영어로 말하고 하니까
음식이 코로 들어가는지 입으로 들어가는지,, ㅋ
그야말로 공황상태가 되는듯한 ㅎㅎ
그래도 여기저기 찾아다니면서 듣기라고 하려구요. 아직 절반도 못
알아 듣지만 언젠간 알아듣겠죠,,ㅠㅠ
헤헤 ^^
조만간 전화 드릴께요,,ㅎㅎ
건강하세요 !!

25

이잉 교수님..

아프신덴 없고 잘 계시죠?

죄송해요,,ㅠㅠ

시간도 안맞고 오자마자 주말엔 일하는

중이라 ㅎ 좀 정신없네요,,

학교는 재밌는데 영어가 너무 어렵구,,

힘들고,,좀 그러네요,,

grammar기초 배우는 중인데

정신 몽롱해요 ㅎㅎ

잠시 넋놓고 있음 못따라가요 ㅎ

또, 선생님이 영어로 말씀하시다가도 좀있음

한국말로 말할것같구..막ㅎㅎ

매일 정신 없어요..ㅜㅜ

다음번엔 전화드릴께요^^

제천은 겨울이 왔다던데요 ㅎ

맞아요?ㅎ 감기조심하시구요~

건강하세요

26

교수님 제가 먼저 와서 인사를 드렸어야 되는데..... 이 못난 제자를 용서하세요~

교수님 잘 지내시죠?

옆에 사진 !! 어쩜 꿈을 드시고 사셔서 그런지

점점 젊어지시네요~

교수님 싸이 들어오니 정말 간만에 대학때 생각납니다 ~~ :-)

교수님!!!!

항상 건강하시구~

자주 인사 드릴게요~

그럼 오늘 하루도 굿데이 하세요~~~~~~

27

교수님 넘 오랜만입니다.

잘 지내시죠?

아직 방학은 아니죠?

전 지금 야근 하면서 머리 식히고 있는 중입니다.

바빠도 일이 잼있고 유익하면 기꺼이 시간쯤

할애해도 결코 힘들지 않음을 느낍니다.

벌써 12월이네요,, 시간이 어떻게 흘러 가는지

도무지 느낄 겨를이 없어요,,

늘 행복 만땅하세요

28

교수님~ 안녕하세요! 교수님 뵈러 어제 교수님 연구실에 찾아갔었는데 못뵈어서 아쉬웠어요. 다음에는 교수님께 미리 예약을 하고 갈께요 교수님 (^^)/
기말고사 끝나자마자 시험채점하고 성적정리 하는데 이렇게 시간이 오래 걸리는지 정말 몰랐어요. 아마 처음이어서 그런 것 같아요. 학생들이 지난 1학기 동안에 수업도 잘 듣고 열심히 수업에 참여 했는데 시험성적이 좋지 않은 몇 학생들에게 낮은 성적을 줘야 할 때 정말 마음이..... 마음 같아서는 다 A+주고 싶은데.. 이번 주 정말 많은 것을 느끼고 배웠습니다.
교수님, 경험이 없는 저에게 학교에서 학생들을 가르칠 수 있는 기회를 주셔서 정말 정말 감사합니다. 교수님의 은혜 잊지 않을꺼에요!

29

교수님 오랫만이네요...^^

사는게 바빠서 자주 글도 못남기고

죄송해요..

사진보니 여전히 멋지시군요...^^*

보고싶어요....히히

****년에 학교다녔는데.. 벌써 8년이란 시간이 지났네요.. 휴~

아참.. 저 임신했어요...^^*

그것도 쌍둥이로요...

요즘 배가 남산만하답니다...^____________^

**이랑 **이도 아기 다 낳고 잘 지낸답니다..

**이는 이민 갔어요...

멕시코로...

찾아 뵙진 못하고 연락도 못하고 있지만..

항상 맘속에 교수님... 생각하고 있답니다..

건강하세요..

꾸벅...

30

잘 계시죠? 날씨는요??

여긴 온도는 별로 안낮은데 비가 많이 오니까 체감 온도가 많이 떨어진것같아요. 여기 겨울은 대부분이 비오는 날이거든요. 청승맞게 부슬 부슬 오는비요. 덕택에 우울증있는 사람이 많아요.

난 잘 지내고요 새로 이사온곳에서는 학교를 안다니니까 시간이 많아진것같아요...수미 학교 있는동안은 혼자 있으니 운동도 하고 책도 좀읽고 인터넷에서 한국 소식도 조금 접하고 저녁 요리 준비도 하고...

수미는 3시에 마치는데 수미 집에 데리고 온뒤는내 시간이 없어요.여기저기 운동도 데리고 다니고 바이올린도 계속

시키고 있고 말예요. 이곳에 이사와서 처음으로 여기도 (남부지역) 바이올린 대회에 내보냈는데 떨지않고 곧잘 하더라구요. 입상은 못했지만 가능성은 보여서 다행이었어요. 이제 7월이 되면 만 9세가 되거든요. 더 잘할수 있는 시간은 많이 있으니까요.

우린 아직도 새집으로 이사를 못하고 있어요. 지금 거의 마지막 단계에 있긴 하지만 예상 했던것보다 많이 늦어지고 있네요.

그래서 계속 호텔안에 있는 아파트에서 살고 있고, 별로 불편 한것도 없고 돈도 안드는 대신에내물건이 없으니 집 같지는 않네요.

이제 마지막 작업인 이층에 카페트 까는 일만 남겨두고 있는데, 아무래도 수미 봄방학동안은 이사가 힘들것같고 (수미 부활절 방학 이다음주 부터 2주거든요)

4월이나 되어야지 뭔가 될것 같네요.어차피 주문한 소파도 5월이나 되어야 온다니 우리도 별로 서둘고 싶지는 않은데 수미가 빨리 이사해

서 친구들을 집으로 데려오고 싶어서 안달이예요. 매일 질문해요. 언제 이사 하냐고....

잘지내시구요 감기조심 하시구요. 저도 시간나는 대로 연락 자주 드릴께요. 그동안은 뭐 사러 다니느라 좀 정신 없었는데 이젠 사는것은 다 했고,, 날짜 정해서 시댁에 두고온 우리 이사짐 가지고 오는것 그리고 이사들어가는 큰것만 남았기든요.

31

교수님! 안녕하세요.

교수님 ~ 평안하시지요? 교수님! 저 기쁜

소식을 갖고 왔답니당!

단양평생교육센터에서 이미지메이킹강의

제안이 들어와서 여름방학동안에 강의하기로

했어요! 생각지 못한 기회가 이렇게 찾아와서

정말 많이 놀랬어요.

하나님께서 교수님을 통해 이미지메이킹

강의를 할 수 있도록 해주셔서

하나님께 감사하고! 교수님께 감사해요(^^)/

교수님.....

항상 저에게 힘과 용기를 주시고 기회를

주셔서 정말 감사합니다.

32

교수님 안녕하세요^^
저의 꿈은 번역사가 되는것입니다.
지금은 아는 단어도 얼마 없고
기초적인 것도 잘 모르는것이 많지만
매일매일 기본적으로 단어 10개씩 외우고
팝송도 많이 듣고 해석해보고 하면서
처음엔 기초적인 쉬운 문장을 ..
좀더 많은 단어를 알게되면
조금씩 어려운 문장들을 해석해가면서
번역사가 되기 위해 노력할것입니다.^^

33

교수님~
잘 지내고 계신가요? ㅋ
졸업하자마자 필리핀에 와버려서,
아직도 필리핀에서 살고 있네요,
오랜만에 입학때 사진보니까, 막막 그때로 다시 돌아가고 싶어지네요,, ㅋㅋㅋ
추운데 건강하시구요.
한국 들어가게되면 함 찾아뵐께요^-^

34

교수님~~ 안녕하세요!
바쁘신 중에도 항상 저에게 귀한 시간을
내주시고 조언과 격려를 해주셔서 감사합니다.
교수님~
어제 교육학개론 강의를 준비하면서 이 글을
읽게 되었습니다.

나는 그당시 형편없는 문제아였다. 성적은 꼴찌에서 헤아리는 편이 훨씬 빨랐고 뒷골목의 생리를 아직 몸에서 털어 내지 못한 터라 말썽을 많이 일으켰다. 선생님은 무슨 속셈이셨는지 그런 문제아인 나를 1학기 때에는 부반장에 그리고 2학기 때에는 규율부장에 임명하셨다. 내가 그분과의 만남을 '결정적인 사건'으로 회고하는 이유가 바로 여기에 있다. 그분은 내 속에 잠재되어 있는 가능성과 소질을 일깨워 주고 공식적으로 인정해 준 최초의 사람이었던 것이다. 그분이 나를 공식적으로 인정해 준 최초의 사람이었던 것이다. 그분이 나를 공식적으로 인정해준 뒤로 나는 그 '인정'에 값하기 위해 노력하고 애썼다. 선생님의 그와 같은 인정이 결코 헛된 것이 아니라는 것을 보여주기 위해 열심히 공부하며 스스로 탈바꿈헤 나갔다. 사람은 누구나 자기를 인정해 주는 사람을 실망시키지 않는 법이다.

– 김우중, [세계는 넓고 할일은 많다] 중에서–

위 글을 읽으면서 교수님이 생각이 났습니다.
교수님 부족한 저에게 기회를 주셔서
정말 감사합니다. 교수님의 은혜 잊지 않고
앞으로 열심히 공부하겠습니다.

35

교수님 건강하세요?ㅋ
접니다....잊으신건 아니신지요?
연락을 넘 오래 안해서 죄송합니다~ ㅋ
전 일본 가는거 담에 가기로 했습니다.
원래 일본 오키나와 리잔이란 호텔 가기로
돼있었는데 비자까지 다 받아놓고.. ㅋ
안가기로했어요...따른거 일본 면세업체도
될수있었는데 그냥 설서 일하고 있죠...
레지던스 호텔에서...
요즘 영어땜시 죽겠어요.. ㅋ 영어좀 열심히
할껄 일본어 하나 믿고 깝치다 고생합니다.
일본 고객이야 뭐 문제없지만 영어권은
ㅠ.ㅠ........대략 난감.. ㅋㅋ
그래도 바디랭귀지로 극복해가고있죠...
그럼 담에 제천가게 되면 찾아뵐께요.

35

교수님 제가 벌써 30살 이래요.ㅠㅠ 엉엉 억울해요.ㅠㅠ
서울은 이틀째 눈이 아주 펴엉펴엉 내린답니다.~^^ 학교는 어떨지.~~^^ 저 감기 걸려서 죽을맛이예요...ㅠㅠ
아 교수님 저 이번 년 겨울 12월쯤 시집갈꺼같아용~~^^
헉.~ 그때가서 저 안델구간다면 어쩌죠? 호호호~~

37

교수님~ 안녕하세요!
교수님~ 저요.. 성탄절, 신정 때 교수님께 인사드리고 싶었어요. 하지만..... 지난 번 학교일로 교수님 신경쓰이게 해드리는 것이 아닌지.. 통화버튼을 누르는데 망설이게 되더라구요.
교수님께서 제자들을 사랑하시고 항상 저희들을 반겨주신다는 사실을 알고 있지만 교수님께 인사 한번 드리는데 무슨 생각을 그리 많이 하고 고민하는지(^^) 저 아직도 고등학생인것 같아요. 그쵸?
교수님! 저요 기쁜 소식있어요. 유아교육과 학과장님께서 교양과목강의 주셨어요(^^)
강의 과목은 교육학개론(월 11시-1시)이에요
교수님 지난번 유아교육과 학과장님께 추천해주셔서 정말 감사드려요.

38

원장님~ ^^
건강하시죠?
학과로 내려가셨다는 애기 들었어요~
어떠세요?? 좋으시죠? ㅋㅋ
학교는 요즘 방학이라 조용할 것 같은데..
심심하시겠어요? 저는 가끔 원장님 생각하는데
원장님은 절 잊으신건 아니시겠죠? ㅎㅎ
변함없이 늘 그자리 지켜주세요 ^^
찾아뵐때까지 ..
“가는年 안잡고 오는年 잘 맞이한다 “
모 드라마에서 나왔던 대사 ㅎㅎㅎ
잘 맞이하세요 ^-^

39

감정지수, 창의력지수 100% 현시대가 원하는
인재상을 지니신 교수님~~(아부가 심했나?)
안녕하셨어요?
여전히 잘 지내시는것 같은데.
얼마 안남은 금년도 끝월에 이렇게 들려서
인사 드려요.
멋지고 따뜻한 주말 보내시구,,, 늘 희망 심어주시는 교수님 되시길 바래요,,

40

교수님 안녕하세요 무심한제자 또 실로 오랜만에 들립니다.^^
겨울이 오구있어요 항상 건강 조심하셔용^^
저는 지금또 다른곳에서 일하면서 열심히 살고있어요~~^^
머찐앤도 만나서 ...ㅋㅋ
자알~~살고있답니다.
계획대로라면 1년후쯤 웨딩을?ㅋㅋ
오늘은 출근후 아침부터 일은안하고 계속 띵까띵까 놀구있네요^^
살짝 춥지만 즐거운 아침이네요^^
교수님 건강하시고 담에 또 오겠습니다.^^

41

ㅋ교수님 안녕하신지요..
ㅋ교수님께서 간호과 칭찬 많이 하셨다면서요~ㅋ물치과한테,,ㅋ
저희 1학년때 과제해서 낸거~sample로 보여주시면서..ㅎ
거기에 제껏두 있다는소리가...ㅎ
교수님 감사합니당^^
ㅋㅋ저는 내일 학교에서 엘리트교실 단양 대명콘도로 가요^^ㅋ교수님은 안가시죠??
ㅋ제 소식만 너무 전해드린것 같네요~
교수님 그럼 안녕히계세요..

42

교수님~

지금은 깊은 잠자리에 드셨을꺼라 생각됩니당~

전 오늘두 학교 끝나자 마자 집으로와서,,

이것저것 집안일하궁~

엄마랑 아빠드릴려구~

지금까지 생토마토 갈아서 쥬스 만들어 놓구~^^ 이제 잠자리에 들려구 하는데~

교수님 잠깐 뵙고 잘려구용~^^

교수님께서 남겨 논 글이 가슴에..

엄마위해 울 가족위해 열심히 살고 힘낼꺼예영~

비록 많이 힘들고 지치고.. 슬프겠찌만~^^

교수님의 한마디한마디 많은 힘이되고 용기가 된답니당~^^

항상 감사드리구용~

이뿡꿈꾸셔용~

43

교수님...저 전역했습니다..

휴가때..한번..못찾아뵙고..죄송했어요..

저.저번달에 전역했으니까.한번.찾아뵙고..인사드릴께요.

그동안.잘계셨죠???ㅎ

무소식이..희소식이라고했는데..

좋은소식은..별로없네요..

조만간...찾아뵙겠습니다.

수고하십시오..

구헌철 : 충!

오호 예비역 병장 신병장 아니신가...ㅎㅎㅎ

건강한 모습으로 제대한 것이상

좋은 소식이 또 있겠나..^^k

건강한 모습 보고 싶구나

축하한다... 영예로운 전역을...^^k

44

교수님항상많은걸가르쳐주시느라
늘고생하시고수고하십니다
다름이아니옵고
답사보고서랑
조금늦을꺼같아이렇게글을남깁니다
일딴제가컴퓨터로작업한거부터
교수님메일로보내드리겠습니다
제때제때제출하시못해서죄송합니다
그리고핸드폰은금방살리겠습니다^^;
그럼수고하십시요. 내일뵙겠습니다

구헌철 : **이구나...^^k
답사보고서를 약속된 시한까지
제출하는 것도 중요하지만...
그내용의 완성도와
**이 자신의 산경험이
더욱 중요한것이니
완성되는대로 바로제출해라...^^k

45

교수님
비가 와서 그런지 우울하네요 ㅠㅠ

구헌철 : **이가 비사이로 왔구나...^^k
비오는 날엔 동동주에 파전? ㅋㅋ
따뜻한 커피한잔과
앨범으로 지난 사진들보며
**이가 가장 즐거웠던 때를
떠올려보거나...
잼나게 읽었던던 책을
다시한번 꺼내보면...
우울한 맘이 싸악~~~^^k

46

교수님....오랫만에 찾아뵈서 죄송해요!!
잘 지내고 계신거죠???
폭염때문에 그동안 고생많으셨죠?? 이제 제법 가을바람이 선선하게 부네요. ㅋ
교수님....저 엄마가 되었어요!!
엄마가 되고보니 세상이 많이 달라보이네요!!
교수님댁처럼 이쁘게 살도록 노력하겠습니다.
교수님,,,항상 건강하시고 행복하세요!!
또 놀러올께요

47

저기억 나세요?

참..무심하죠?

요즘에서야..알게되는건데요..

사람들은..소중한거..가까이에 있는이들..

그리고 잊지 말아야 하는것들을..

그러지 말자..그렇게 말하면서도..

깜빡깜빡하고..그게 시간이 지나면서..

자연히 퇴색되어 가는거 같아요..

저한테 좋은말씀 많이 해주시고..

참 따뜻했었는데..

전 그런것들을..잊어버렸었나봐요..

참..어리석지요? 바보처럼..

48

사랑하는 구헌철 교수님 !

올한해 행복하셨어요.?.

'당연하지'라구 하실려 그러시죠?

누구보다도 사랑을 주시는 교수님 존경합니다.

지금 가진행복보다 더 행복하시길 빌께요~

교수님 사랑합니다.

부끄부끄**^^**

새해엔...福 많이받으세요~

49

교수님! ***입니다. 뵌지가 오래돼서 교수님
얼굴 잊었는데요^^ 건강하시죠? 오늘이 스승의
날 입니다. 찾아뵙지도 못하고 죄송합니다..
단양에 오시면 전화주세요. 대원대에 시간되면 한번 가겠습니다. 건강하세요...

구헌철 : 아 **님^^K
문자에 방문까지...
고맙습니다...
어느덧 **님 준 부채를 쓸
계절이 되었네요...^^
얼굴잊었단 말은 ??? ㅎㅎㅎ
항상 건강하세요...^^K

50

아..
요즘엔 왜이렇게 공부가 안되는지..ㅠ
춘곤증(?)인가 뭔가 땜에..ㅠㅠ 그리고 체전준비땜에요 .ㅠ.ㅠ
부과대 맡았습니다;;ㅎㅎ 그래서 더 신경쓰이구;;ㅎㅎ
이래저래 육체적 정신적으로 힘들어요 ;;ㅎㅎ

구헌철 : 바쁠수록 틈새시간이 많이 보이는 것이고...
모든 것은 맘먹기에 달린거란다.
**이답게 피할 수 없슴 즐겨라.
천재는 노력하는 사람을 이길 수없고,
노력하는 사람은 즐길 줄아는 사람을
이길 수 없단다...^^k

51

교수님,,,,그동안 잘 지내셨어요???
에고고,,,결혼하고 일하고 그렇게 바쁘게 지내다보니 자주 못찾아뵈서 정말 죄송해요!!
게다가 저 올 7월이면 한 아이의 엄마가 된답니다..ㅋㅋ
교수님댁처럼 이쁜 가정 누리면서 살고 싶어요!!
신학기라 교수님도 많이 바쁘시겠네요...우리 관통과 영원해야 할텐데 신입생 많이 들어왔는지 모르겠네요!!!
훌륭한 교수님이 지키기때문에 영원하겠지요!!!
항상 건강 조심하시구...종종 찾아뵐께요!!!

52

안녕하세요~~^^

저는 간호과 1학년의 남학생 *덕기 라고 합니다. 즐거운 주말 보내고 계신지요??

교수님께서 주신 책을 읽다가 교수님 생각이 나서 한번 들리게되었습니다.

앞으로 저를 포함한 간호과 학생들 공부 더욱 열심히 할테니깐 많이 가르쳐 주시구요^^

주말 잘 보내시구요.

다음 수업때 뵙겠습니다.

구헌철 : 덕이 기보다 먼저임을 잊지말길...^^

53

ㅋㅋ교수님 안녕하세요^^

ㅋㅋㅋㅋㅋㅋㅋㅋㅋㅋㅋㅋ

저 왔습니다. ㅋㅋ

저번에 저 운동하구 앉아있는데 문자보내셔서 무척 놀랬어여. ㅋㅋ

진짜 이름두 기억해주시구~

ㅋㅋ교수님짱!!이에요. ㅋㅋㅋㅋ

ㅋ내일 뵈겠네요~~~

ㅋㅋㅋ그럼 내일뵈요^^

교수님~~안녕히계세용^^

54

교수님 잘지내세요?
전 요즘.
실연을 극복중인 동시에.
새로운일에 도전하려고 준비중에 있어요.
구성작가나 방송작가쪽으로요^^;
아직 하나도 모르는 얘기로 시작되는데.
어려워요..
다행히 지원해 주시려는 분이 계셔서
도움받아가며 하고있는데.
조만간이될지..
제천에 애들도 만날겸 가려는데.
학교에 교수님도 뵈러 갈께요^^

55

교수님...넘 오랫만에 인사드려서 죄송해요!!
결혼해서 살림하구 일다니느라 정신이 없었어요...이해해주실꺼죠??
그래두 제 맘속의 교수님은 정신적지주랍니다...^^
날씨 추우니까 이불 꼭 덮고 주무시고, 항상 건강조심하세요!!!

구헌철 : 음, 이게 무슨 냄샐까???
아하, **이네 깨소금 냄새구나...^^*
아름답고 행복한 가정 꾸미기바란다...^^k

56

정말 오래간만에 들려서 교수님이 절 잊으신건 아니신지...^^

안녕하세요 교수님~

잘지내셨어요?

...벌써 강원랜드 식음에 있은지도 4년째예요.

어떻게 생각하면 좋은 곳에서 일한것 같고..

또 그 반면 힘들게 일하는 것같고..그래요..

지금은 친구들이 그립고 가족이 그립고..

몸도 힘들고...정말 튼튼할줄만 알았는데...^^

일하면서 다른 일도 해보고 싶은데..

일하고 나선 너무 힘들어서 아무것도 안되더라고.. 히히^^

교수님..

그래도 제천에 몇번갔었는데..

학교도 둘러보고...

다음에 갈땐 꼭 들를께요^^

아! 많이 늦었지만..

새해 복 많이 받으시고요.

늘 건강하시고요.

좋은 일들만 교수님께 있길 바랍니다.

57

교수님!!
늘 건강하시고 잘 지내시지요~
사진만 봐도 교수님의 따뜻한 가족 사랑과
제자 사랑을 느낄 수 있어요.
학문에 대한 열정까지도...^^
꼭 닮고 싶은 우리 선생님!!
올 한해도 뜻하시는 일도 모두 이루시고,
언제나 가정의 평화와 은총 충만하시길 바랍니다.
그리고 부족한 제자 항상 챙겨주셔서 정말 감사드려요^^;
교수님, 새해 복 많이 받으세요~~~!!!

58

교수님,
이번 토요일에 수원을 다녀왔습니다.
그래서 오빠 동아리 분들 연극하시는 것도 보고
같이 PC방에 있기도 하고
신문도 같이 보고...책도 읽고-
이제 정말 사귀게 된 거 같습니다.
이미 오빠 동아리에선 여자친구로
확정이 됐거든요
아, 오빠를 차버렸던 전 여자친구도 절 봤어요
그 여자분 어떤 기분이였을까요?

59

교수님 안녕하세요*^^*

건강하신지요??

전 결혼해서 여기 구미에서 온지 2달 좀..넘었네요.. 낯선 환경이라

가끔 우울하기도 하고..

그랬지만.. 긍정적으로 생각할려고 노력중이랍니다...^^

신혼이라 그래도.. 즐겁답니다 헤헤헤헤

우리 과 후배들은 마니 입학 했나요??

우리과 후배들이 모두들 입학해서 즐거운 학교생활하고 졸업해서도

잘 됐음 좋겠네요..

교수님

항상 건강 하시고 새해 인사

미리 드리겠습니다

새해 복 많이 많이 받으십시요~~~~~~~

60

교수님~~~

저 다녀 갑니다.

새해 복 많이 받으세요—,,

새해 인사가 상당히 늦었네여,,

ㅋㅋ 하지만 lunar로 인사드려요...

늘 감각의 끈을 이어 주신점 감사드립니다.

전 새해엔 더 열심히 공부하고 일할 예정입니다.

교수님도 소망이루세요,,

근데 영어라는 놈이 빨리 가까와 지지 않네요,

꿈에서도 원어민 만나서 회화하고 오매불망

그리는데도 말리죠? ㅋㅋ

건강하세요

교수님^^

언제나 감사한 마음이 먼저 떠오르는 교수님^^

61

교수님,

어제 일을 적겠습니다.

토익을 마치고 버스에 올라서 7:00시에 동산에서 오빠를 만나고 고기집을 갔습니다;;;

제가 채식을 거의 안하거든요 편식이 심해서;;

그리고 맛있게 먹었어요 〉_〈

먹고 난후에 시간이 8시 20분쯤 됐을 거예요

그리고 영화를 보려갔습니다.

이런저런 애기 하다가 TTC로 가니 8시 30분이더군요.

그리고 애정결핍이 두남자에게 미치는 영향을 봤어요. 그닥, 재미있었어!는 아니였구요;

그리고 11시가 되서 오빠가 집앞까지 데려다 주시고 오빠는 동기분들 만나러 가셨어요.

그게 다 입니다. 별 일도 없었고 그냥 그랬어요

아!!! 막상 보니 키가 작더라구요 〉_〈☆

1cm정도? 아무튼 저보다 작습니다.

호감이 상승해 버려는데 어쩌죠?

62

오늘은 날이 괜찮았죠 교수님?
책 읽기 딱 좋았던 날이라
책을 읽었습니다.
정작 해야 할 일은 뒷전이여서
막막해야 하건만.....
뉴욕 가고 싶습니다! +_+
교수님^^*
올한해도 얼마남지 않았네요~
무심히 바라보던 달력이 두장만 남겨진 것을 보고 오늘은 깜짝 놀라버린 하루였어요~
그동안 너무 정신없이 살아온 것은 아니었는지 한번 뒤돌아보게 되는 하루입니다^^*
교수님 날씨가 추워지는데 건강 조심하세요~
JaJa- 그럼, 시작입니다!
우선, 연락이 된 건 말씀 드린것과 같이 1달 반 혹은 2달 부터입니다.
통화 횟수는 10번 내외 일거에요.
생각해보니, 언제 한번 마음 가는 사람이 있는데
아무래도 멈춰야 할거 같다고, 멈출거라고
얘기를 들은적이 있어요.
그리고 마냥 그냥 좋게 좋게 통화 하고 지냈죠-
그 때 한번 빼고는 어떤 일도 없었으니까요-
그렇게 있다가 10월30일? 29일? 때
좋아하는 사람이 있는데

고백을 하는게 좋겠냐고 묻길래 정말 열심히
상담해 줬어요 나같으면 이렇게 저렇게 고백
받고 싶을거 같고 어쩌구저쩌고 하면서요 ㅠ_ㅜ
정말 흥분해서 사투리를 쓸 정도로 얘기를 했단 말입니다 ;
그런데 그 사람이 제 주변에 있는 사람이라는
거에욯 !!!
그러면서 내가 다시 전화 할 때까지
생각해보라고- 끊어버리더라구요 ;
그래서 열심히 생각했죠
내 주위에는 오빠가 아는 사람이 없는데-
어쩌구저쩌구 중얼중얼중얼-
그런데 생각하면 할 수록 얘기(상담) 나눴던걸
곱씹어 보니까요. 스믈스믈 저 같은 겁니다!
그래서 전화가 다시 왔을 때 절대로 웃지말고 절~대로 웃지말고 들어라, 그게 혹시 나냐- 하고 말하니 왜그렇게 빨리 알았냐고 네가 받고 싶은 고백대로 하면서 딱 말하려고 했는데 너무 일찍 알았다고- 우오우오우오우오-
그리고 오늘도 통화하면서 알게 됐는데요
(내일부터 10일까지 훈련이거든요)
사실 그 때 제가 대답을 안했거든요
그냥 싫지는 않다고- 생각해보고 얘기해주겠다고 하면서요-
그리고 오늘요 통화 하면서 계속 열심히 생각 중이라고 하니까 바로 아, 그러냐고 알겠다고 훈련 끝나고서 대답 들을 수 있으면 좋겠다고 했어요
그 오빠가요- ㅡ_ㅡ;;;;;
교수님, 전 어떻게 행동해야 합니까?

뭔가 모르겠어요 〉_〈
덥석 받아버리기도 오빠가 보기에 애 쉽네? 하고 생각해 버릴거 같기도 하고, 장난인데 애 진짜 믿고 있다 ! 하고 생각할 수도 있구요
그 오빠가 좀 개구져요 사람이; 장난도 체계적으로 하고요 ㅡ_ㅡ
으에으에으에으에으에-
제 머리로 계속 담고 있기에는 너무 벅차요 !!!
이거 너무 많이 적어버렸네요;;;;;;;
교수님, 군인이 고백을 하면
그건 군대에서 여자를 찾아 볼 수 없기
때문이죠?
분명 궁해서 그럴꺼에요
장난이거나-
그런데요 교수님-
그 장난에 진정이 안되고 있어요.

63

교수님.. 장마가 끝나고 본격적인 더위가
시작되나봐요~
이제 결혼두 25일가량 남았어요...
찾아뵙고 청첩장 드리고 인사도 드렸어야
하는데.. 죄송해요 교수님!!
저실은.. 아기를 가졌어요..두달가량 입덧때문에
많이 힘들었어요...찾아뵙지 못해서 정말 죄송해요

64

월요일날 꼭 뵈었으면 엄청나게 좋겠습니다.
제 사정이 어찌됐던간에 말씀도 잘못 드리고
결과는 어긋났으니까요 흑흑
어째 계속 곰곰히 생각해 볼 수록
요즘 교수님 거슬리게 하는 행동만 한거같아
죄송스럽습니다.
그래도 미워하지는 말아주셔요 〉_〈
어떻게 보이실지는 모르겠지만
나름대로 하려고 하고 있으니까요 ㅠ_ㅜ♡
문자로도, 전화로도 하기가
힘든 마음을 여기다 풀어 놓으니 좋네요 /////
앞으로도 교수님 명록이
자주 찾아 오겠습니다 ☆_☆

65

교수님, 내일이면 시험 끝 ! 입니다.
신나요 〉_〈//
아아, 페이퍼를 이리저리 돌아다녔더니
뉴욕도 가고 싶고 런던도 가고 싶고
일본도 가고 싶고 스페인도 가고 싶고-
막 어디론가 떠나고 싶답니다. *

66

교수님^^
건강하시죠?^^
저도 바쁘지만 하루 하루 늘 행복하게 지내고 있습니다^^
항상 먼저 챙겨주시는 교수님 덕분에 올 한해..그리고 추석연휴도 마음이 풍요롭게 지나갈 것 같습니다^^
벌써 10월이고 이제 가을이되고 겨울이 오면 어느새 저도 사회인이 된지 1년이 지나가고 그리고 많은 경험들을 하게 될 것 같습니다^^
교수님 늘 건강 조심하시고 추석 연휴도 잘 보내세요^^
늘 감사합니다^^*

67

교수님 이노래...신나는 이노래.. 넘우 웃겨요 ㅎㅎ
좋아요 쪼아~~^^
노래선물했어요 맘에드셨음해요
주말
토끼같은 두딸과 싸모님과 즐거운 시간되시고요
월요일에 저 친구 시험파트너 해주기로 했어요 교수님 제가 해줘도 대죠??
헤~ 이쁘게봐주세용
월요일날 뵈요^^

68

교수님 저 오랜만에 들러요^^
방학동안 잘 지내셨어요?
전 이번방학에 뉴질랜드에 한달반동안
다녀왔어요...고모댁이 거기있어서^^
교수님 맨날 뵈러가본다 해놓고..한번도
못 뵈러갔네요....말만;;;ㅎㅎㅎ
그래도 가끔 홈페이지는 들렀는데....
글남긴지는 꽤 된것같아요...
건강하시고... 행복하세요..

69

교수님 그간 건강하십니까??
훗..저는 지금 일본입니다.
흠.....생각보다 별로 말할 기회는 없지만..
뭐 나름대로 잘 지내고 있습니다.
반찬이 없어서 죽을맛이지만,,,,ㅋ
그럼 여름에 더위 조심하시고
개강 하면 뵙겠습니다.
진짜 삼겹살에 소주한잔이 생각나네요..
여긴 소주 한병 9000원....켁......

70

교수님 안녕하셨죠??

이렇게 이제 연락 드립니다.. 꾸벅..

저희는 캔버라, 맬번을 거쳐서 결국 시드니에 자리를 잡았습니다..

남편 직장 구한다고, 이도시 저도시를 다녔어요..

영주권은 받고, 정말 호주 정착한다는게 쉽지가 않더라구요.. 이민 1세대들은 정말 힘든것 같아요.. 다들 이렇게 시작하지만... 멜번에서 지낼땐 한국으로 돌아갈까도 생각했었는데, 다행히

며칠전부터 신랑이 British Telecom에 입사했습니다..

교수님한테 연락 드리고 싶었지만, 뭐 좋은 소식이 없기에 이렇게 됐습니다..

죄송합니다.. 연락 기다리셨을텐데...

잘 지내고 계시죠?? 중국에도 자주 다니시는것 같은데, 교수님에 열정에 항상 고개 숙입니다.

또 연락 드리겠습니다..

귀

교수님~
안동마님 왔어요.ㅎ
교수님께서 부르시는 별명..
너무좋아요.ㅎㅎ 잘은 못듣지만.ㅎ
방학 잘보내고 계세요??
교수님께는 방학도 없겠죠..
더 바쁘시다고 말씀하셨던거같은데.ㅎ
오늘 날씨 참 좋아요~ㅋ
다름 아니라~ 정말..
생각보다 교수님 성적이 잘나와서..ㅋ
성적 보고 얼마나 기뻤다구요~~
감사합니다.ㅎ
교수님 방학 잘보내시고
건강 챙기시구요~
2학기때 뵙겠습니다~~^^

구헌철 : 마님이 다녀가셨구먼...
중국갔다 와서 보았구나.
무더운 여름 즐겁게 보내기 바래...^^

72

안녕하세요 교수님!

스승의날이 하루 지났네요;;

어느덧 졸업 한지 3년이 지났네요..

정말 엊그제 같은데..

저번주엔 우리 **학번들 몇몇이 모여서

같이 술자리를 가졌답니다..

모두들 오랜만에 만나서 그런지 다들 너무너무

반가웠고..어찌나 할 애기들이 많은지..

학창시절 애기.. 교수님들 애기.. 또 다른 친구들 애기..

이제는 정말 추억이네요..

스승의날이였는데 찾아 뵙지도 못해서 정말 죄송합니다..내년 스승의날엔 제가 저희 **학번들 모조리 끌고

교수님들 찾아 뵙겠습니다! 약속 드릴께요~

항상 건강하시고.. 보고싶습니다 교수님~~ ^^*

그간 안녕하셨어요^^ㅋ

제가 먼저 찾아뵈어야 하는데...

교수님께서 먼저 찾아 주시니 감사하기두 하고...

죄송하기두 하구... 교수님들도 그립구

문득 학교두 무척 그리워지네요

우리 학교 봄이 엄청 이뻤눈데 하하!!

73

ㅎㅎㅎ

교수님 잘 지내셨어요?

너무 오랬만에 인사왔죠?

저는 지금 3학년 2학기랍니다

이제는 나이도 먹고(?) 그래서

학교 다니기도 힘들고

만사도 귀찮고 그러네요

이쁜 후배들이 많이 생겼네요

다들 나보단 공부 열씨미 하겠죠?ㅋㅋ

정말로 시간내서 찾아뵐께요

항상 건강하시고 행복하세요 ^^

74

ㅋ교수님~~! 안녕하세요^^

저 왔습니다^^

ㅎㅎㅎ아~! 교수님 너무너무 신세대이신거 같아요^^

막 싸이도 하시구요~~~!~!ㅋㅋㅋㅋ

교수님 발음 진짜 짱이에요!!! 완전 원어민같아요^^

ㅎㅎㅎㅎㅎㅎㅎㅎㅎㅎㅎㅎㅎ교수님~그럼 건강하시와요^^

구헌철 : 간호과 1호 일촌이 오셨군...

미니미가 딱이네, 상하랑ㅎㅎㅎ

황사 조심,,감기조심,,흠,,,남학생 조심!!!

75

교수님 안녕하세요.

저 **에요..^^

몇일전에 교수님 보고 이렇게 왔지요

항상 교수님 바빠보이셔서 몇마디도 제대로

나누지 못하는것 같아요..^^

이번에도 저희과 과톱을 유지했어요! 히힛 자랑^^

3학년인지라 너무 바빠요 교생실습에..

ㅋㅋ아쉽게도 3학년에도 영어수업이 없어서

넘 아쉬운 것 같아요~~~

그래도 항상 저 볼때마다 환하게 웃어주시고

인사받아주셔서 감사해요

그럼 학교에서 또뵈요

76

교수님~~ 어느새 방학인가요?~ 하하하..

정말 빠르네요.. ^^*

전 잠시 한국을 떠나 있었어요..

교수님의 글이 남겨져 있어. 행복한 마음 몇배인 휴일이네요~ 여행의 끝에 또 일상에 젖어야 하는 마음이 많이 무거웠는데. 교수님 글을 읽고 많은 힘을 얻고 머리 한번 긁적거리고 충전하고 있는 중입니다. ^^*

이젠 자주 들러 열심히 사는 모습 많이 보여드릴께요 ^^*

ㄱㄱ

교수님 저 **이예요
오늘수업 빠진거 죄송해요..
영어를 중요하게 생각하지 않아서도 아니구요
교수님 수업을 싫어해서도 아니예요
시험이 코앞인데 우선 급한불부터 꺼야했답니다..
이해해주실꺼죠?
담부턴 수업열심히 들어갈께용
전화까지 주실지 몰랐어요 ㅠㅠ
서운한 맘 풀어주세요..네?
담주에 웃는 얼굴로 뵙겠습돠!~
안녕히 주무세요^^
지금 교수님은...
유머 센스는 한층 더 업그레이드~
젊어지신거 같으세요^^
애들이 교수님 너무 재밌다고 난리예요
젠틀교수님
제꿈 꾸세욧^^

78

교수님...

너무나도 오랜만에 불러보고 써보는 이름이라..

무척이나 낯설게 느껴지네요..

생각지도 못한 교수님의 방명록 읽다가..

무심코 생각이 든건데요~

갑자기 세월이 유수같다는 말이 실감나게 다가오는거 있죠? 벌써 졸업이라니...교수님이랑 저 첫만남이 어제 같은데 벌써 이년정도가 후딱 지나가버렸으니 말이예요... 이 시간이 지나갈동안 제가 무엇을 하며 살아왔나 생각을 해보니 뚜렷이 뭐 해놓은거라곤 하나도 없는듯 생각이 안나네요..허수아비처럼 하루하루를 그렇게만 보냈기 때문인가봐요..

참으로 어처구니 없고 한심하죠?

지난해는 정말이지 아무 생각없이 살아왔던거 같아요

삶에 대한 아무런 의욕도 생기지 않았고..마냥 주저앉구만 싶었거든요..자꾸만 생각대로 되지않는 현실을 탓하기만 하면서..적극적인 몸짓 하나없이 살아왔던것 같아요..

하루해가 저무는 저녁이 되면..가슴속에 말못할 아쉬움만 자꾸 남기만 하구...솔직한 제심정으로는....

아직은 살아온 날들보단 살아갈 날이 더 많은데..

그나마 얼마전까지만 해도 삶에 대한 애착심을 갖고

미래에 대한 아름다움 꿈에 부풀어있기도 했었는데요

저 스스로에게 하루에도 몇번씩 질문을 던져봐요

*** 너는 왜 이렇게밖에 살지 못하냐구요..

너 이것밖에 안되는 인간이냐구..

머리속엔 삶에 대한 올바른 개념들로 꽉 잡혀있는데요..그래서 더 이렇게 힘들고 괴로운지도 모르겠어요

그렇게 살아야함에도 그렇게 살지못하고 있음에..

그렇게 하루하루 아까운 날들을 방치하며 살아오다보니까요..어느새 또다른 해가 온것도 여직 못느꼈거든요..생각지도못한 사람에게서의 안부소식..

긴 시간 꿈을 꾸다가 갑자기 깬 느낌이라고 해야될지...정신이 확 드는것같아요.. 더 이상 이렇게 허송세월을 보낼수만은 없는것 같구..언제 어떻게 될지 모르는게 세상일인데..한치앞도 가늠할수 없는게 인간이니까요...아직은 이 한해가 다 가기엔 남은 많은 날이 있기에..지금에 깨달음이 늦지만은 않은것같아요

그리고 너무도 평범한 이치속에 그 깨달음이..

오늘따라 왠지 너무 소중하게만 생각되네요

교수님...

학교에 다니던 그 몇개월전에도 저란 아이는 교수님이 바라보시기에도 무척이나 어리고 철없고..

어른무서워할줄 모르는 아이였었죠?

그럼 오늘의 저의 조금은 혼자 세상지고 살아가는듯한 저의 이런 모습 이해해 주세요.. 저에게 있는 모든 가식이라는것은 저 선반위에 올려두고서 말씀드리지만 교수님이라는 분은 저에게는 무척이나 때로는 기대고 싶은 아빠처럼..또 때로는 삼촌같은 그런 분이시거든요..그러다보니 편하다라는 이유로..실질적인 교수님과 저와의 관계는 생각지도 못한채로 혼자 날뛰는 나쁜 학생이 되었네요..

용서해주실꺼죠? 교수님.. 암튼..저..툭툭 털고 일어날거예요...사실 삶이 제게 힘들면 남들에게도 힘든거 아니겠어요? 남들에게 쉬

운 삶이 제게만 힘들리는 없을테니까요..그래도 꿋꿋이 잘만 살아가는 그네들처럼..

저도 본때나게 한번 좀 살아서 교수님 웃으면서 볼래요..힘을 내야 될것 같아요..기운을요..

교수님처럼 보이지 않는 곳에서도 따뜻한 눈길로..

저를 바라보는 이들을 더 이상 실망시키지 않기위해서라도... 주위의 모든것들이 하나하나 정리되어가고

제 자신이 저스스로를 판단해서도 좋은 점수 받게되면..바로 교수님 찾아뵐께요..

지금의 저의 모습이 제가 사랑하는 사람들에게조차

연락못하고 자꾸 움추리게만 하지만..앞서 말씀드린것처럼 잘 해볼께요.. 그때까지만 교수님 저 잠시만 용서해주세요 ㅋㅋ교수님 저 오늘은 왠지 너무나도 오랜만에..편하게 잠들수 있을것 같아요..

건강조심하시구요..

못난 제자 *** 올림....

구헌철 : *** 어디서나 잘할꺼라고 믿는다.

진주는 상처난 조개에서 만들어지는 거 알지...

자주 연락하자..

79

확실한 우리의 멋쟁이 교수님,^^

비록 자주는 못뵈지만, ㅋ

다름이 아니라..몇가지 궁금한게 있어서

이렇게 나미 들리게 되있습니나

제가 지금 호주로 갈까 생각중인데

저희 학교 졸업으로 편입이 가능한지..

또 제 학점으로 가능한지..

아니면 그냥 처음부터 재입학 하는것이 나은지..

그리고 어떤 학교가 괜찮은지..

전공은 관광쪽으로 생각 중입이다..

너무너무 궁금합니다..

바쁘신데 죄송합니다만 부탁드립니다 교수님^^;;

직접 찾아뵙고 여쭈어야 하는데..아직 멀리 나와있어서 그렇게 하지 못하는 점 죄송합니다..

다음달쯤에 한국 나갈 예정인데..나가게 되면 꼭! 찾아뵙겠습니다^^;

80

교수님
happy new year!!!!!
졸업한지 얼마 됐다고
새해 인사는 저렇게 밖엔 안나오네요 호호호
이해 하시죠?
이제 마흔을 한고개만 남겨 놓고 있네요.
자신의 얼굴에 책임을 져야 한다는 나이 40!
교수님같이 멋진 삶을 살아야 하는데
많은 가르침 고대 합니다.

81

교수님 오늘은 김장을 하는 날이랍니다
김장을 잘해두면 일년이 든든하죠 요즘은 더 한것 같아요 중궁 김치 사건으로 말이죠 저도 그 일이 있기 전에는 김장,김치를 그냥 저냥 생각했거든요 엄마네서 어머니네서 주는걸 다연하단듯이 말이죠 이번이는 맘가짐이 조금 달라졌어요 아주 고맙게 생각하고 있지요 전 아기 보느라 김치를 담그지는 못하고 옆에서 지켜보고(아기들 보는 담당) 보쌈먹고 고모들과 즐거운 시간을 보내고 있는게 다지만 말이예요
교수님댁도 김장을 하셨는지요!!! 맛난 김치 집에서 담가 먹는게 최고죠..

82

교수님 안녕하세요~!! ^^
벌써 다음주면 12월이 되네요~ ㅡ.ㅜ
매년 그러하지만 올해는 일년이 해놓은거 없이 그냥 보낸거 가타서 넘 아쉽고 후회되네요
얼마 전 주말에 제천에 갔었는데...
학교에 가보려다가 교수님 안계실것 같아서
뵙지도 못하고 왔네요... ^^;;;
애들한테 학교주변과 여러가지 혜택도 많이 늘었다고... 더 좋아졌다고 들었어요~~ ^^
그래도 몇년만에 갔는데 잠시라도 꼭 뵙고 싶었는데 아쉽네요~ 담에 가면 함 뵐수 있겠죠?
남은 0000년도 지금처럼 늘 열심히 연구하시고 열정적인 강의하시고 따뜻하게 즐겁게 잘 지내시길 바랄게요~
전 요즘 심해진 감기땜에 꼼짝못하고 있어요~ ^^;
내년엔 세상과 부딪히며 다시 시작하고 싶네요...
따뜻하게 지내시고 감기 조심하세요~!!

83

교수님~~~~~

완전 123874912634년 만이져??ㅎㅎ

그동안 피로에 지쳐 잠만 퍼 자써여^^

출근전 싸이로 인사를 전하는 이쎈쓰!!

날씨가 엄청 추워여~~~

감기 조심 하세여~~~~

요즘 들어 학교 가구 시퍼져여^^

이젠 겨울이예요 붕어빵도 나오고 뜨끈한 오뎅도 나오고 요즘은 오뎅도 매운게 더 인기예요 거리를 나가면 매운 오뎅들틈에 옛날 오뎅은 옵션이라니까요 ..

에제는 접촉사고를 냈어요 운전 이래 첨으로 낸 사고지요 가벼운 사고지만 어찌되었건 제가 박은거라 당황스럽고 억울해서 막 울었어요...

지금은 괜찮아요 보험회사에 연락을 했더니 편하긴 해요

교수님 감기 조심하세요 바쁘시겠지만 건강은 꼭 챙기세요

84

교수님. 저예요... 저 지금 한국에 없어요..
인사도 못드리고 와버려서 너무 죄송해요.
늦게나마 공부를 다시 하고싶어서 오사카에 왔어요. 여름에 무리하더라도 교수님 뵙고 올껄 후회가 많이 되네요...
요즘 너무 많이 추운데 감기 조심하시구요..
공부 열심히 해서 내년에 꼭 찾아뵐께요
앞으로 교수님 홈에 자주 올수있을것같아요.
건강히 편안하게 행복하게...
교수님 파이팅이요

85

어제는시댁에 제사가있었어요 증조할아버지 제사랍니다 우리 시댁은 제사가 많아요 첨에는 많다고 생각했는데 몇년 지나니까 아무렇지도 안아요 막내 며느리기는 하지만 역시 며느리는 며느리라 본분에 충실해야 한답니다 저희 친정은 제사도 명절뿐이구 아버지가 외아들이라 조촐하거든요 근데이곳은아주 벅적 벅적해요 돌아가신 시아버님이 큰집인데다 후손들도 많아서 또 그후손도 많고 한번 모이면 장난이 아니랍니다 아주 좋아요 재미있거든요 일은뭐 즐겁게하고 요즘은 워낙에 기계들이 많고 성능이나 기능이 다양해서 그리어렵지는안아요 전 다들 모여서 왁자지걸한것이 좋더라구요 ^^ 교수님 항상 사람들속에 있으니 즐겁죠? 젊어지죠? 사람은 어울려서 살아야해요

86

어제는 강민이(첫째)의 어린이집 가을운동회에 갔다 왔어요 어찌나 재미있던지 학부모된걸 또 한번 느꼈다니까요 날씨가 추워서 좀 걱정이였는데 승부를 내야 하는거라 아빠 엄마들의 열기가 뜨거워서 추운지도모르고 했다니까요 유담이는 결국 감기에걸려서 지금 고생 좀 하지만말이예요 교수님께서도 자녀분들 운동회에 가셔서 열심히 뛰시겠죠? 당근이겠지만
오늘은 이만 갈께요

87

교수님
오랜만에 뵙죠?
혹시 그간 보톡스라도 맞으셨나요?
아주 핸섬하게 바뀌시었네요?
음...
손석희 아나운서 약간 닮으듯도 하구요
좋은 일이 많이 생기셨나 봐요
아주 보기 좋으세요
기분좋으네요.
항상 지금처럼 멋진 모습 간직하시길
바랍니다

88

교수님!!! 오랜만에 들렸어요^^

ㅋㅋㅋㅋ

평안하시죠??

오랜만에 들려서 인지...볼게 많네요

영어교실도 있구요

그동안...저요..시집갔어요ㅋㅋㅋ

이제 2달접어들었어요

잼나기도 하고 즐겁기도 하고

행복도 한데...맨날 머먹을까 고민하는모습보면 완전한 아줌마의 길을 걷는거 같아

속상해 질때도 있어용~~잉~~

또 올게요..교수님~~

오늘도 즐거운 하루 보내세요

아자!

89

교수님. ㅋ

이제 겨울같아요~%

ㅋㅋ

이제 학교갈날도 얼마안남았네요. ㅋ

저는 다시.. 1학년초처럼.. ㅋ

혼자가 되겟네요..ㅠㅠㅋ

슬퍼라, ㅋ

새로운맘으로 다시 대학생활

시작해볼렵니다. ㅋ

다른 교수님들도 다 잘지내시죠?/

궁금해요~^^

연락도 못해드리구.. ㅋ

추운데. .감기조심하세요. ㅋ

독감이 ...아주.. 독하다네요~

90

안녕하세요. 교수님~
아침에 일어나서 싸이 노래를 들어 볼려구
들어왔다. 교수님 방문 하신 내용 보고
이렇게 바로 달려왔습니다.
"톨스토이" 말씀처럼 겸손한 자세, 항상
배움에 임하는 자세로 열심히 도전하면서
생활하고 싶은데 주위환경이 쉽지 않은거
같습니다. 그래두 그렇게 생활하겠습니다.
아직 제가 젊음의 혈기기 넘치거든용~
오늘 아침공기가 참~ 상쾌한거 같습니다.
아침저녁으로 일교차가 심하니 감기조심
하세요...즐거운 하루보내세요...

91

교수님^*^
안녕하세요?^^
가을이 점점 깊어가는지 아침 저녁으로 바람이 많이 차가워지네요...
교수님 건강은 어떠신지...항상 건강 조심하세요^^
피할 수 없으면 즐겨라....저도 이말을 정말 좋아해요...요즘은 더더욱 제가 하고 싶은 일과 피할 수 없는 일들이 많아지지만 힘든 일 속에서 아주 작고 사소한 행복들을 찾기 위해서 노력하고 있어요^^
교수님 오늘 하루도 마무리 잘하시고 늘 행복하세요^^

92

교수님 보석같은 햇살이 비추는 일요일이네요

그동안 안녕하셨어요?

언제 한번 찾아 뵈어야지 하면서도

그게 잘 안되는것이..

죄송한 맘 아시죠?

많이 바쁘시죠?

단양에서 관광통역과랑 사회복지과가

개설예정이라는 소문을 들었어요.

저희 직원이 저한테 학교다녔었던

얘기를 묻는것이 아마 사회복지학과에

관심이 많은 것 같아요

바쁜업무에 있다가 좀 한가한 곳으로 간 직원인데 공부하고 싶은 열정이 생긴 것 같아요.

그립네요

교수님 수업듣던 그때가요.

다시 돌아올수 없기때문에 그렇겠죠?

참

일촌 신청해요

허락해주시리라 믿습니다

두 따님과 행복한 주말 아! 사모님도

제천에 내려와 계시다면 모두

해피한 주말 되세요

93

교수니임~

저 놀러왔어요

명절 잘 보내셨나요?

전 큰집가서 놀고 먹고 음식만들고~

정신없이 보냈답니다

교수님~!

저 학교다녀요

드디어 편입에 성공!ㅋㅋ

벌써 다닌지도 3주가 넘어가요~ㅎㅎ

학교를 한번 갈래도 시간이

안나네요

교수님 찾아뵈야하는데~

항상 건강하시구요

올만에 들려서 좋은소식

남기고 가서 뿌듯하네요

연락 드릴께요

꼭 받으세요~

94

작년에 이어 또 축하를 받네요.
너무나 친절한 교수님..감사해요.
많이 바쁘실텐데 못난 제자들 챙겨주시느라 몸이 열개라도 모자르시겠어요..
그나저나 빨리 교수님을 뵙고싶은데..조언받을것도있고 재롱도 떨어야하고 헤헤..
빨리 뵈요~ 좋은꿈 꾸시고 편안한 밤 되세요
교수님…저 결혼날짜 잡았어요~
축하해주실꺼죠??
교수님처럼 행복한 가정꾸리겠습니다.
아참..저희 이번주 토욜 모임가져요~
교수님도 가까이 계시면 좋을텐데 아쉽네요~
보고싶습니다..교수님!!!!

구헌철 : 축하한다 진심으로…^^*
**인 정말 잘할거라고 믿는다.
청첩장 바로 보내라…
그리구 주말에 애들 만나면,
안부전하고, 특히 **이
꼭 연락함 하라고 해라…^^k

95

교수님 안녕하세요^^

**학번 ***입니다..

건강하시죠?? 학교 다닐때

매일 말썽만 부리던게 엊그제 같은데..

벌써 졸업한지도 2년이 훌쩍 넘었네요..

군대 있을때 몇번 찾아가 뵈었는데

전역해서는 한번도 못찾아뵈었네요..

죄송합니다..꾸벅..ㅎㅎ

전 요즘 유학 준비중입니다..

학교다닐때도 공부 안했는데..이제 철좀 들려구요..^^;;나중에 성공해서 꼭 찾아 뵙겠습니다

건강하십시요^^

구헌철 : **이 벌써 제대했구나...^^*

유학준비 열심히하고,

성공해선 안와도 되지만,

힘들때는 연락해라...^^k

96

교수님 아까 쪽지 보냈었는데 못받으셨나요?
16일시간 괜찮으신가요?
너무 늦게 찾아뵈는것 같아 죄송하고 또 너무 기대가되고 떨리기도 하고 설레이기도하고 ..만감이 ...~
빨리 교수님 뵙고싶은데.. 시간 괜찮으신지 말씀 주세요. **이랑 벌써부터 교수님 뵙는다는 생각에 통화를 하는데 둘다 하이톤으로 말이 많아진답니다.
아마 그날 다른 몇명이 더 갈지도 모르겠어요. ^^
장마에 더위에 날씨가 좀 그렇네요.
그래도 교수님 만날 생각에 또 사랑스런 제자들 만날 생각하면서 ~
교수님 파이팅입니다

97

교수님!! 그동안 안녕하셨어요???
언제 들어와봐도 울 교수님 인기는 여전하시네요...
인기 비결좀~~알려주세요!!!
교수님,,저 직장옮겼어요..무역회사인데요...
으악~~그동안 등한시했던 영어공부 다시 시작해야될꺼같아요!!!
저에게 힘을 주세요~~
무더운 날씨땜에 힘드실텐데요..이럴수록 더 건강챙기시고 보양식도 많이 드셔서 항상 건강하시고 활기찬 모습보여주세요!!!

98

교수님~ 저번에 저 회사있을때 쪽지 보내주신거 정말 감사해요..얼마나 깜딱놀래고 한편 좋았던지..헤헤
교수님 **이랑 교수님 뵙고 싶어서 그러는데 언제쯤 시간되세요?
주말엔 학교엔 안 나가시죠?
교수님 시간좀 말씀해주세요
바쁘시겠지만 사랑스런 제자들생각해서 시간좀 내주세요 ~~
그럼 더위조심하시구요.
빨리 보고싶어요.^^

99

교수님, 저왔어요^^ 너무 오랜만에 들렸죠....ㅎㅎ
방학인데 뭐하고 지내세요? 일하느라고 비쁘시죠?
저 이번주 일요일날 필리핀가요...
가서..방학끝날때..8월말쯤 오려구요..ㅎㅎ
그냥 여기서 학원다니려고 하다가..
어디라도 경험해보는게 나을것같아서..
기회가 생겨서 잠깐 갔다오게 됐어요..
아..교수님 학교에 찾아간다 말만해놓고..
한학기가 다 지나가버렸네요.;;;
장마가 지려니 날씨가 너무 더워요.ㅋ
교수님 시원한거 많이드셔용^^

100

안녕하셨어요?

자꾸 자꾸 날씨가 더워지는게 ...

정말 여름인걸 실감하게 되요...

교수님은 올해 방학때 스터디 그룹 관리하시느라..

ㅋㅋ쉬지도 못하시겠어요...

1학년들이 대체적으로 조용조용 해서

말썽 피우거나 하는 애들은 없을 것 같아서

...정말 다행이죠.. ㅋㅋㅋ

저 이번에 배낭여행 갔다가 올껀데.

잘 ~~다녀 오겠습니다....

좀 더 성숙한 모습으로 다시 뵐께요....

101

교수님~! 안녕하셨어요? 여행은 잘 다녀왔습니다..

전국적으로 비가 온다고 하는데. 서울은 아직 아니네요

이러다가 비가 안올듯도 해요.. ^^*

이번 여행이 저에게는 너무도 큰 힘과 너른 시야를

준것 같아요. 너무 기쁘고 그러네요..

드디어 여행에 중독이 될 것 같아요 하하하

부모님은 미리 걱정을 하시네요..

방학에도 스터디를 하시나봐요.. 역시 교수님~~

더위 잘 이겨내시구요 ^^*

102

교수님............저 ***입니다... 잘 지내셨죠? 생각처럼 연락드리기가 쉽지 않네요,,,(핑계로 들리시져?) 건강하시죠? 저두 건강하게 회사 잘 다니구 있답니다,,,,,,, 교수님 덕택에 취업두 잘되구,,, 늘 감사하게 생각하며 살아용,,,,,,, 다른 교수님들도 다들 잘계시는지 궁금하네요,,,,담번에 **이랑 **이랑 스케쥴 맞춰서 함 뵈러갈께여,,, 기다려 주실거죠? ^^; 무지 보고 싶습니다~ 구교수님 화이팅!!!!!!!!!!!!!

103

교수님~ 안녕하세여~헤헤;;

저 넘 오랜만에 연락 드렸죠~ 넘 넘 죄송해여~ㅠㅠ

하여간 이못난 제자를 용서해 주세어~

교수님 건강하시죠?? 전 요즘 **이랑 part time이랑 하다 보니까 정신도 엄꼬.... 완전 피곤에 ~ㅡㅡ;;

그래도 전 정말 인복이 많나 봐여~^^ 오자마자 존 인터뷰관 만나서 social number도 금방 금방 받게 됐고, 지금 가치 일하는 외국인 분들도 정말 친절하고 죠코, 제 주위 사람들이 넘 존거 있죠~^^

교수님은 어케 보내시고 계시나여?? 물론 건강하시고, 하시는 일도 잘 되시고 있는거죠??^^ 물론 ~ㅋㅋ

교수님 항상 건강하시고, 비록 이 못난 제자가 연락을 자주 못 드려도 많이 많이 이해해 주세염~^^

104

교수님 덕분에 오랫만에 파란 하늘을 본 듯 합니다.
저 또한 직장생활이 쉽지만은 않았고, 신입 분이 오셔서
같이 월말 준비를 정신없이 하다보니 날씨가 덥다는
핑계만 댔을 뿐..그 편안한 하늘 한 번 못 보고 지나치고
있었네요,, 항상 감사해요,, 가끔 남겨주시는 글들이
한 껏 힘이 나게 한답니다 ^_^;
오늘 무지하게 안 좋은 하루였는데
교수님 글 보고선 힘내네요...히힛...
글 너무 감사해요...
힘들었던 저에게 딱이었던 글이었어요...ㅠ_ㅠ
감동 그 자체!!!
밤낮의 기온차가 꽤 크네요.
낮에는 심한 무더위로..밤에는 너무 찬 공기로..
감기가 오락가락 한답니다..
교수님께서도 감기 걸리지 않게 조심하세요~
심난할 때 교수님 홈피에 잠시 들르면 마음이 한결
편해져요,,이유가 뭘까요?! ^^:; 가끔 들러서 이런저런
글들을 보면 정말 공부 안 했던? 그 시절이 떠올라요~ㅋ

105

우리의 영원한 멋진 교수님!
안녕하세요..^^ 잘 지내시죠? 저도 잘지내고 있어요..
잠시 아르바이트 하다가 쉬고있어여..
6월달부터 다시 일해야죠...ㅠ.ㅠ
학교다닐땐... 그저 몸과 맘이 편해서.. 몰랐었는데
졸업해보니..
취업에 대해 많이 고통을 뼈저리 느끼고 있답니다...ㅋ
앞으로 좋은일만 가득하길 빌며..
**학번.. **이는 이만 물러갑니다...^^

106

선생님~^^
매일 바쁘다는 핑계로 자주 연락 못드려서 죄송해요...
스승의 날인데 찾아뵙지도 못하고...원래라면 한아름 꽃 사들고 찾아뵈어야하는 건데...죄송한 것 투성이네요...
여긴 여전히 인기짱이네요~^^
우리 선생님 인기가 어디 가겠습니까...ㅎㅎ
시간이 흐르면서 마음에 더욱 선명히 새겨지는 선생님이 진정한 스승이라고 하는데 선생님은 제게 그런 분이세요...
항상 못난 제자 기억해서 챙겨주시고 다독여주셔서 감사합니다~^^*
조만간 좋은 소식으로 찾아뵙겠습니다~
몸건강하세요~^^*

107

우리 교수님 정말 멋쟁이세용!!
제자들 홈피에 한소절씩이 글 남겨주시는 센스!!!
아마 세상에 우리 교수님 같은 분은 정말 없으실 꺼예용!!
머찌세요~
멋진교수님께 부흥하는 멋진 제자가 되야 할텐뎅~~~
교수님..
아직 여름도 아닌데 왜이리 더운지~~
여름이 걱정되요..ㅠ.ㅠ 제천도 많이 덥죠?
4월에 가려고 했는데 **랑 **언니랑 맞춘 날짜가
하필 **시험기간이라 5월로 미뤄 졌어요~
떨어져 있으니까 서로 시간 맞추기가 쉽지가 않아요..
그래두 항상 교수님 생각하고 있는거 아시죠?ㅋㅋ
더위 조심하시고 오늘도 행복하세요^^

108

졸업식날 교수님도 못뵙고 왔어요 죄송하고요 항상 저희들 잘챙겨주신 구헌철 교수님....올해엔 좋은일만 가득하세요

구헌철 : **!!!
든든한 예비역 아저씨가 떠났구나.
열심히 생활하고 힘들고 어려울 땐 언제라도 연락해라.
이것이 졸업기념 과제다...ㅎㅎㅎ

109

교수님...
그냥 함 불러바써용^^
그때가 참 좋았는데..
근데여 나시 그때로가드 학교는 잘나갈 자신 없어영^^
ㅋㅋ
그래두 그땐 참 좋았어영^^
졸업시켜달라고 교수님께 때쓰던 그때조차도^^
인기 폭발 교수님!!!
잊지 않고 글을 남겨주셔서 넘흐 감솨해염..(__)
이 지독한 사회에서 살아남기 위해 오늘도 공부중!
쉽지만은 안네여...ㅜㅜ
항상 건강하시공 행복하세염~

110

교수님.
드디어 이력서와 자기소개서를 끝냈어욤~~
그래서 조교언니께 보내드렸어욤..
두근두근 떨려욤.. 좋은 결과가 있어야 할텐뎅..ㅎㅎ

구헌철 : 이력서와 자기소개서는
또다른 나의 얼굴인거 알지???
확인해보고 수정할거있으면 알려줄께...^^k

유난히도 우울한 월요일이었듯 합니다. ^_^;;
새 직장에 입사한지 5개월...막 지나가려고 하는데..
전에 계시던 4년차 선임께서 회사를 떠난다고 하시더니 오늘 결국 사직서를 제출 했답니다..아직도 아는게 별로 없는 저로서는 무척 당황스럽기 짝이 없네요.. 큰 회사에 있을 때는 그만큼 사원도 많았고 정해진 업무에만 충실하면 됐었는데..그 분야에서만 1등이면 인정받곤 했으나..현재는 개인사무실이라서 그런지 더더욱 하는 일도 많고..해야 할 일도 많고...모르는게 없어서는 안될 그런 만능 여인이 필요한 듯 한데..너무 부족해서 부끄럽습니다..
앞으로의 업무가 꽤 걱정되긴 하지만 기운차리고 더욱 열심히 할 계획입니다..
교수님 홈페이지에 한 번 접속을 하고 하면 그 날은 웬지 싸늘했던 기분이 따뜻해지는 듯한 느낌이 들어 참 편안하고 좋아요~ ^_^;;
대학 시절 어찌나 공부도 안했던지..지금으로서는 무척 후회스럽기만 하지요... ㅋㅋ 잘 했다고 보는 사람도 없겠지만 그래도 자신만큼은 꽤 좋아라했다고 당당하게 말합니다 ...ㅎ;ㅎ 아버지 같으면서도 삼촌같으신 교수님 앞에서 멋진 모습 보여주고 싶었는데 뜻대로 되지 않아 안타깝기만 합니다...
그래서 사회생활만큼은 부끄럽지 않은 ...남들이 부러워할 만한... 아주 적극적인...그런 사람이 되려고 열심히 더 열심히 하고 있습니다 .. ^______^;

112

우왓!! 보고싶은...구헌철 교수님.....
생각나요~~~^^
저 아마 기억 못하실꺼에요...
98학번이었구...머 별루 눈에 띄지도 않았구....
공부도 무지 안하구 지각만 했던......^^;;;;;;;;; 히
흠...아마 저희과에서 제가 첨으로 도망나온....^^;;
싸이에서 찾은 친구라곤...같은과 친구 ***뿐이네여..대화하다가
교수님 생각나서 이케 찾아와서 글남기구 갑니다.....
이제서야 졸업 못하고 중도에 포기한거..후횔하네요...
참...교수님이 저에게 보내신 편지두 있어요...
글을 남겨두 되나..한참 망설이다가...
용기내어 한글 남기구 갑니다....
욕하지 않으실꺼죠?????
교수님 얼굴 보구 전 이만....
건강하시구...담에 또 글 남길게요...
화이팅!!!!!

P.s 저 호텔에서 일하다가 영어 안되서 무지 고생했답니다....^^;;
학교를 다시 간다면...꼭 다시 교수님 밑으로 갈거에요.....저 받아주실꺼죠?? ^^ ♡

113

교수님~~~
강의 시간에 쉬는 시간이어서 잠깐 들렸어요..
요새 컴퓨터를 잘 않해서요...
흠....
오늘 과실에서 교수님 뵈서 좋았어요..
교수님 경의가 없어서 잘 못 뵙네요..
요새 면접보러 갔었는데요...
국제매너시간에 매운게 새록새록 생각이 났었어요..
너무도 어려운 면접이었어요..
뭐니뭐니해도 외국어 정말 중요하다는걸 다시한번 느끼고 왔습니다.
저의 앞길에 빨리 다가가고 싶은데...
그길이 너무 멀어요...
열심히 하도록 노력해 보겠습니다.

114

또 한번의 제자들을 떠나보내시느라 마음 많이 쓸쓸하셨죠? ^^*
주말은 잘 보내셨어요?~
지난번에는 들러 괘씸하게 좋은 사진들 퍼가기만 했어요... 용서..~~ 해주실 거죠? ^^*
시간이 흐를수록 더 게을러져만 가는 것 같아요
이러면 안되는데 말이죠 ^^*
꽃샘추위가 또 시작하겠죠? 건강 하시구요~

115

교수님 ~
05학번 후배들 사진 보구 가영!!!
난 98학번인데..7년후배~ 우와!!!!
벌써 그러케 되었나용???
얼마전이었던거 같은데...
요즘은 공부 좀 열씨미 할껄~ 그런생각마니해영!!
외국인들이 많이 방문하다보니 앞이 깜깜할때가 한두번이 아니랍니다...^^
이제서야 부랴부랴 공부 할라고 하는데
그게 또 생각처럼 쉽지는 않네영!!!
늘 건강하시구여~ 행복하세용!! 교수님!!! ^^

116

언제나 교수님이 보내주시는 좋은 글들
읽고 하루를 시작합니다...
너무너무 감사해영!!!
하루도 잊지 않고 보내주시니..
교수님도 새학기 준비하시느라 바쁘실껏 같은데...
늘 감사한 맘 갖고 있습니다.
어제 눈이 와서 그런지 날이 꾀 쌀쌀하네용!!!
감기 조심하시고 길 미끄러우니 조심조심...
늘 건강하세요!!!

117

교수님 정말 오랜만에 들어왔죠???

학기초라 마니 바쁘시겠어요...

매일매일 보내주시는 조은 글들 너무나 감사드려요.

자주 뵙지 못하지만 항상 제 맘속에 교수님이 계신거 아시죠???

이제 봄이에요.

따뜻한 봄날 되시구...아직은 좀 추우니까 감기두 조심하시구요...

토익 셤 뭐 그냥 그렇게 봤죠;히히

사실 처음 교수님이 제 홈피 방문해 주시고

이런 저런 이야기 많이 들려 주시고 그래서

다시 영어 공부를 해야겠다! 마음을 먹었거든요-ㅎㅎ

그리고 저 오늘의 명언인가

그거 넘 맘에 와닿았어요

"자격증 보다는 그것에 대한 관심!"

아우. 교수님 항상 너무 멋진말 해주셔서

늘 감사합니다.ㅎ

118

와우_ 역시나 연옌 홈피인 교수님 미니홈-ㅋㅋ
몇일전 토익 시험을 봤는데-
교수님이 음성녹음한 강의 들으니깐
갑자기 먼가 번득 '_'!
떠오르네요
ㅋㅋ 아자! 독도 우리땅-

구헌철 : 그랬군요,,,
TOEIC 시험 잘 봤나요???
영어강의를 많이 올려야
하는데 그러지 못해 미안해요.
음성화일 저장, 변경등...
아직 익숙치 못해서요.
음 ... 유학생들때문에
바쁘기도 했구요...^^k

119

ㅋㅋ저 왔어요

오늘 글도 감명깊었습니다~

이제 조금은 제 자신을 봐주면서-_=

만족하면서 살아볼라구요 ㅋㅋㅋ

물론 전진하려면 채찍도 필요하겠지만요!

교수님 잘 지내시지요.

날씨가 넘 춥네요. 감기 조심하시고요.

정말 언제 함 가야하는데... 교수님 넘 보고싶어요.

정말루 언제 함 꼭 찾아 뵐께요.

구헌철 : **이구나...^^*

애기키우랴, 직장생활하랴

정신없지???

그래두 씩씩하게

잘해내잖아...^^k(

120

제 이번 겨울방학동안 리조트후론트에서 3달 정도 일을 했습니다. 절실히 느낀점은 기본적은 영어 꼭 해 놔야 겠구나 제가 부끄 럽고 초라하기까지 느껴지드라구요 --!!!
이제 영어와 일본어좀 기본적인 것만 하고 싶은데 쉬운 방법은 없겠죠 걱정이예요
좋은 글 감사합니다. 추운겨울 감기 조심하세요 ^^

구헌철 : 쉬운 방법은 없어도
잘할 수있는 방법은 있지...
이번 학기에는 유아교육과강의가
없어 못만나겠네...하지만
언제라도 찾아오렴.
**에게 맞는
학습법을 일러줄께...^^k

121

원장님 정말 오랜만에 글남겨요 ^^*
요새 우리 평생한국어 참 바쁘죠??
그래도 잘되가는거같아서 기분좋아요.
항상 옆에서 든든한 보호막이 되주셔서
또 감사드리구요, 오래오래 함께해요 ㅋㅋ
낼도 활기차게 만나요~즐건저녁되세요~

구헌철 : 요즘 일이 갑자기 많아져서 힘들지...
항상 즐겁게 일할 줄아는
**이가 이쁜거 알지...^^k

122

교수님 교수님이 생각나서 이렇게 들립니다..
예전 일학년때 생각이 나네요..그땐 왜 그랬는지 후회가 됩니다..
이런 나를 이끌어 주신 교수님께 너무너무 감사합니다..
교수님과 술도 마시고 많은 대화도 나누고싶네요..
항상 고맙습니다..이제 다시학교생활하지만 열심이 하는모습 보여드릴께요..항상 건강하구 행복하세요...

구헌철 : 졸업했지만,
이제부터 진짜 인연이
시작된거라고 생각해라...
**이는 잘해낼꺼야...화이링!!!

123

교수님!!!!!!!!!^^"
오랜만에 글 남기는거 같네여...;;;
2년이라는 시간이 너무 빠르게 지나가 버린거 같아여~벌써 졸업이라니...ㅠㅠ
입학하던날~많은 생각을 했었는데..
졸업식날 후회되는 일 밖에 없어서...
졸업식날 교수님 못 뵈고 와서 너무 아쉬웠어여~
다른 교수님들은 다 뵈었는데...
언제나 저희 생각해주시는 교수님~정말 멋져요!!!!!!!ㅋ
항상 건강 조심하시구여..
자주 들러서 글 남길께요!!!
웃음 가득한 일만 있었으면 좋겠어요..

구헌철 : 그래,, **야.
나두 부척 서운했단다.
그러나 이제부터
또다른 만남이 시작된 것이니,
너무 아쉬워말자꾸나.

124

헉!!!!
교수님 저 너무 올마네 왔지요
그냥 저냥 정신이 없네요...
구정도 잘 보내셨죠?
입학이 엊그제 가튼데 벌써 졸업했네요
나중에 한가해지면 꼭 찾아뵐께요
2년동안 이뻐해주시고 좋은생각
많이 하게 해주셔서 정말 감사해요
앞으로 후배들에게도 좋은 말씀 많이 해주세요
항상 건강하세요
담에 또 놀러올께요 ^^

구헌철 : 나두 **가 예쁘게
졸업해줘서 고맙다.
졸업식날 아버님과 잠깐 얘기했는데
호주나 뉴질랜드로 보내실
생각이 있으시던데,
잘 의논하고 생각해서
좋은 기회를 활용할 수있기 바란다.
다시한번 졸업 츄카하고
이제부터 우리의 만남이 진짜로
시작된다는 거 명심해...^^

125

교수님 먼저 찾아뵈야하는데..죄송해요^^;;
넘넘 보고 싶구여 ....그립구여..돌아가고 싶어여
학교 다닐땐 사회 생활하고 싶었는데 막상 나와보니
힘든점 너무 많더라구어....그래두 꿋꿋이 아직도 첫직장을 천직 삼아 다니고 있답니다...ㅋㅋㅋ
참..그리구 00학번??? **이.. ***두 같은 삼실에서 일하구여 다른과 나온 후배도 한명 입사 했어여,,,
좀 뿌듯하기도 하구... 헤헤헤^^;;
교수님 사진도 올려주세요,,,,,넘넘 보고 싶구여 궁금합니다아~~~
참, 게시판에 저의 **학번 7공주 사진 올렸습니다...^^

구헌철 : **! 항상 약해보여 늘 건강이 걱정이었는데 첫직장을 꾸준히 다닌다니 대단한데... 정말 반가워, 다른애들에게도 안부를...
koo^^k

126

선생님^^ 방금 통화하고 곧장 들어왔습니다.
여기 둘러보면서 참 놀랬어요~
예전 그 모습 그대로시고, 제자들의 사랑을 듬뿍 받고 지내시네요
(인기 짱인것 같습니다 ㅋㅋ)
선생님은 많지만 스승은 없다는 말을 많이 듣는 요즘...
더욱 참 스승의 길에 대해 다시 한번 생각해 보게 되요.
그리고 선생님 생각이 더 많이 나네요.
변함없는 모습으로~ 제자들에게 사랑주시는 선생님...
항상 감사드리고, 저 역시 변함 없는 제자 되겠습니다.
선생님...이렇게 또 인터넷상에서 만나지다니, 너무 신기해요.
한번씩 그 때 생각도 많이 나고, 선생님께 좋은 말씀, 좋은 이야기도 많이 듣고, 그 영향도 많이 받았었는데... 무심하게 연락도 한 번 없었죠?
제가 고등학교때 힘들때 선생님 편지 받고 얼마나 힘 났는지 몰라요.
그거 코팅해놓고 보고 그랬는데...
이번에도 이렇게 깜짝 놀라게 되네요. 여전히 건강하신 거 같아...
마음이 한결 좋습니다. 다들 연락해서 한번 찾아뵙고 싶어요.
저는 졸업하고 국어로 임용시험 쳤고, 운이 좋은 덕에 합격했어요.
지금은 2학기 발령예정이라 쉬면서 이것저것 하고 있는 중입니다.
제가 교단에 설 생각을 하니, 선생님 생각이 더 나네요.
아무쪼록 건강하시고, 조만간 꼭 찾아뵐께요.

구헌철 : **=국어선생님, 그래 예전에 내가 생각했던 이미지와 꼭 맞아 넘 기쁘구나. 그때 주고 받던 얘기들도 기억이나구...
친구들 소식도 전해주면 고맙겠구나. koo^^k

127

방명록 글 보고 당장 글 남기고 싶었지만, 아직 영어가 짧은지라 오늘 다운타운 나와 바루 글 남겨요~학교에선 영어자판밖에 사용할 수 없거든요.....
저 지금 캐나다 뱅쿠버 옆에 있는 뱅쿠버 아일랜드의 빅토리아에 있어요... 중국에서 1년 있었구요, 학교는 비록 졸업식에 참가못했지만 올해 졸업했어요. 비록 말은 많았지만 그다지 큰 포부도 없었구 그냥 평범한 저였는데 무슨 힘이 절 여기까지 보냈는지 모르겠어요.... 제가 먼저 연락드려야했는데 이렇게 선생님께서 찾아주실 때까지 연락도 안 하고 지낸 못된 제자를 용서해주세요 ^^;;;;;; 앞으로 자주 연락드릴게요 그리고 9월에 한국들어가면 꼭 찾아뵐게요.... 건강하시구요....take care~~^-^

128

교수님..잠시 들렀어여 삼실이 넘 조용해서 꾸벅꾸벅
졸다가...히히히....살짝 눈치 봐서 싸이 순찰중입니다
요즘 은경이라 교수님얘기 학교 얘기로 귀따갑게 재잘거리고 있어여..참 그리구 **여...둘째 가져서 몸이
무거워서 제대로 돌아다니지도 못하구 아들래미가
얼마나 극성인지....엄청 개구장이라구 그러드라구여
교수님, 조만간 애들이랑 찾아 뵐께요^^

129

교수님..
어떻게 교수님을 단 하루도 생각하지 않을수가
있겠습니까?
너무 너무 죄송합니다..
한국에는 3주전에 입국했어요..
급하게 오느라 짐을 챙겨오지 못해서 휴가때 호주에
다시 들어가봐야 할듯싶어요..
잠깐 다니러 왔다가
어학원에 취직이 되었어요..
중학생들 가르치는데 지금은 오자마자 일을 시작해서
인지 몸이 좀 피곤하고 잠이 부족하네요..
둥지는 우선 대전에 틀었고..
오전에는 호주에서 공부한것 잃어버리지 않으려고
원어민 수업 듣고..
오후부터 중학생 가르치러 어학원에 출근합니다..
방명록 보고 누가 장난 하는 줄 알았어요..
너무 놀라웠고.. 너무 죄송했고.. 너무 반가웠고..
제 맘 아시죠?
연락 드리겠습니다.. 6년 전이나 지금이나 한결같이
변함없으시네요..
또 방도장 찍으러 올께요..

선생님…선생님…('쌤'이라고 할뻔했어요…당장에 '난 Sam이 아니야!' 호통을 치실거 같아서~ㅋ)
배은망덕 제자를 먼저 찾아주셨네요..
무슨 말씀부터 드려야할지…반갑고 죄송하고…
전 졸업하고 공무원 시험 준비를 하고 있어요. 졸업하고보니 세상이 참 호락호락하지 않더라구요… 졸업을 해도 공부는 끝이 없어요…ㅜㅜ 셤준비한다는 핑계로 요즘 싸이를 잘 안하는데 **이가 선생님 글이 올라왔다고 해서 보고 바로 들어왔어요~ 안그래도 이번 스승의 날에 선생님 생각이 많이 났어요. 시험 합격하고 자랑스런 제자의 모습으로 꼭 연락드려야겠다고 맘 먹었었는데 선생님께서 먼저 찾아주셨네요..
좋아보이세요~ 근데 살은 좀 빠지신거 같아요~ㅎ 사모님도 안녕하시죠? 사진첩에 있는 Jenny가 도연이예요? 되게 많이 컸을거 같아요~
정말 뵙고싶어요~ 찾아뵙겠다는 말만 해놓고 그러지 못해서 죄송해요…
밑에 **있고 **이도 있고 **도 있네요~ 다들 배은망덕해서 죄송합니다. ** 들어오면 다같이 꾸중들으러 갈게요…
건강하세요~*
참, '양지네 아이들'보고 감동받았어요~ㅜㅜ

131

교수님!!

전 교수님께서 절 기억못하실줄 몰랐는데,,,

찾아주셔서 넘 기뻤어요~~ㅋㅋ

이렇게 영광스러울때가~~~^^

**언니 통해서 교수님께서 참 자상하시다는 말을

마니듣긴했는데~~

이렇게 제자들 하나하나 찾아다니시면서 글까지 남길실 줄은 몰랐네요~~~^^

교수님 항상 건강하시구요~~

여기서라도 자주 찾아뵐게요~~

132

전화 받고 정말 오랜만에 활짝 웃어봤네요^^진작 전화주시지 저만 쌤 얼굴 살짝보고 가는거 같아 미안하네용~ 근데 얼굴은 일단(!) 살이 마니 빠지신것 같은디...^^

쌤 좋아하는 언니야들이 넘 많네요 경쟁율 넘 높은거 아입니까?!!! ^^ 사진 보니까 더 보고싶네요 울~~컥! 또 글 올릴께여^^

구헌철 : 방금 네홈피에 갔다왔다. 횡랑한 네 홈피에 나의 글이 따스함의 tipping point 역할을 할 수 있었음 한다... 자신이 작아 보이고, 힘들때 소중한 사람들과 함께 할 줄아는 사람이라야 다른이가 너의 가슴을 필요로 할때 나누어 줄줄 아는 법이란다... ^^

133

안녕하세요. 이렇게도 인사를 드리게 되네요. ^^;
왠일로 **이가 방명록에 글남긴다고 문자까지 넣더니 전화받았다는 자랑!이었네요. 반가운 마음에 둘러보고 갑니다. 오오– 여전하신데요. ^^;
쌤 뵈니 반갑고 좋은데도 왠지 그 때 생각하면 작은 찔림이 느껴져서 글도 남길까, 말까 했답니다. ;;
가끔 들를께요. –**입니당.
그 때를 생각하면서 '만일'이라는 가정을 가끔 했습니다. ^–^;;

구헌철 : 때론 우리가 살 수 있는 힘이 '만일'이라는 가정에서 나오기도 하지... ^^k

134

*** 와쓰요^^ 저두 넘 학교 가구시픈데...
떳떳한 제자로 만나야 할꺼 가타서 ㅋㅋㅋ
아직 마니 모자란...
저 일 관두구 요즘...맹 백수예여 ㅠ.ㅠ
바다가서 밤낚시하구 와써여...
바람쐬구 생각정리좀 할라 그랬는데... 맹 놀다가 오기만 해써여^^

구헌철 : '제자'라는 단어에는 수식어가 필요없는 것이란다... 수식어붙은 제자는 정의할 수 없는 것이 되어 버리지... ^^

135

교수님...저 왔다가영~~~~!!!!!!!!!!!

제가 젤루 조아하는 구 교수님....*^^*

교수님 정말 마니마니 보고 시퍼영...^^

저 요즘 넘 힘드네영...^^;;암튼 넘넘 보고싶고 만나고 싶어영...^^

구헌철 : **인 친구가 힘들때 옆자릴 지켜주곤 했었는데... 지금 무엇이 **일 힘들게 하는 걸까??? '내가 세상에서 가장 행복하다' 라고 자기 최면을 걸어보는 게 어떨까... 효과없으면 다시 연락혀 ㅎㅎㅎ 좀더 강한 처방을 해보지... ^^k

136

교수님 글보고 어찌나 반갑고 놀랍고 감사하던지... 황공할 따름입니다.

학교소식은 어찌어찌 해서 간간히 듣고 있어요^^ 교수님 건강하시죠? 애구 졸업한지가 벌써 1년반이 다되어가는데... 학교를 벗어나니까 살기가 어찌나 버겁던지..ㅠㅠ 다시 학생이 되고파요.^^ 학교도 가서 인사를 드려야지 하면서 참....~~ 제가 많이 부족해서 잘 되질 않네요 죄송합니다. 교수님 건강하시고 자주 들릴께요.. 꾸벅

– –

구헌철 : 노래도 프로처럼 잘하고, 옆사람도 잘챙겨주던 **가 무엇때문에 힘들어 할까 ??? 뒤집어 생각해봄이 어떨까??? 그리고 위만 보고 살면 목디스크 걸리잖아... 한번씩 아래도 봐-.-; 참으로

많은 사람들이 절박함속에서도 꿈을 잃지 않고 작은 행복에 기꺼워하며 살고 있단다... 그런 우리 이웃들을 위해 힘을 내자꾸나... 화이링 ^^k

137

교수님..
전 멍멍이도 안걸린다는 ㅋㅋ 감기가 걸렸답니다..
휴~~ 콧물찍 눈물찍.. 오늘은 병원을 2곳이나 갔다와서 하루가 휙~ 가버렸습니다.. ㅋㅋ
안과 이비인후과 약국 ㅋㅋ 회사 들어오니 일만..가득
낼은 성수기 문의땜에 아주 정신 없을꺼 같네요..
벌써 성수기네요... 휴~ 그러다봄.. 겨울 되고.. 아~
나이먹는거 넘 시른데..어쩌져??? ㅋㅋㅋㅋㅋㅋㅋㅋ
그래도 열심히 살고 있는 나욘이 잘 하고 있는거겠져??
교수님 오늘 제가 주저리 주저리 마니 말하고 가네요..
그럼..또 올게요... ^^*

구헌철 : 몸이 피곤하면 병마가 쉽게 찾아들게된단다. 몸과맘이 지치지않게 늘 긍정적으로 생각하고 웃으면서... 그리고 가끔씩은 실내에서라도 스트레칭 하면서 좋은 기억들 떠올리면 엔돌핀이 팍팍 솟아날꼬야 ㅎㅎㅎ 그럼 감기쯤이야 걸음아 나살려라 쓩~~ **이 화이링 !!

138

교수님~~ **입니당.. 오늘도 즐거운 하루를 보내 셨는지요.. 이제 곳 기말고사 준비하시느랴 바쁘시겠어요.. 친구가 학생일때는 몰랐는데, 선생입장에서 학생 대하는게 너무 힘들다구 하더라구요.. 이제야 교수님들 힘든거 알겠다구요... 교수님 화이팅!!.. 여기 날씨가 점점 추워 지니까.. 옛날 생각이 나네용.. 교수님 커피 드시는 모습도 포그난 느낌이 였느뎅.. 이곳은 한국만큼 영하로 떨어 지는일도 없는데, 더 춥게 느껴지는 이유는 뭘까요??

구헌철 : 마음때문이겠지. 세상에서 가장 사랑하는 사람과 함께있어도 채워지지않는 것은 끈끈한 정으로 묶여진, 마치 공기와도 같이 곁에 있을 땐 소중함을 느끼지 못했던 많은 것들로 부터 넘 멀리 떨어져있다고 생각하기 때문이란다. 맘만 먹으면 한나절이면 갈 수있고, 모든 것이 널 따뜻하게 안고 있다고 생각하려므나... ^^

139

벌써 새벽이네용^^ 참 하루가 빨리가는 것 같아요^^ 그래도 의욕없이 느리게 가는 하루보다는 나은 듯 해요^^
오늘은 날씨가 여름 못지 않았지요? 저는 죽는줄 알았습니다. 오죽하면 버스기사분께 에어컨 켜달라했겠습니까? 완전히 철판 깔았었습죠..ㅎㅎ 지금생각하면 어케했는지 몰라요... 아마제가 뜨거운밥먹고 뛰고 버스를타서 정신이 없었나봐요..^^ 더운날씨에 더 몸관리해야한데요~~ 누군가가..그랬던것 같아요..ㅎㅎ 교수님 몸 조심하셔용^^

구헌철 : 더운 여름엔 평소보다 10분만 서두르면 여유를 가질 수있고, 여유는 곧 더위도 다스리게 되는 것이지... ^^

140

교수님 저 발 도장 찍으러 왔어여
날씨가 정말이지 초죽음이에여...
방금 테크노마트 볼일있어서 다녀왔는데...
어우~~~쓰러질뻔 했어여 크크크....
이제 곧 성수기가 다가와서 조금씩 바빠지기
시작했구여 그 덕에 이런저런 사정으로 여름휴가를
이번달에 다녀와야해여...정말 넘 슬프구 어쩜
이럴수가 있을까여? 남들 다 휴가 갈때 전 땀뻘뻘 흘리면서 일해야
하자나여 이번 여름은 다른때보다
정말 길고 힘들거 같아여...윗사람이 된다는건 정말
어려운거 같아여 밑에 애들 가능하면 편의 봐줄려구 하다보니 이런
상황이 되버렸네여
하지만 행복해여 이젠 저두 회사에서 고참 대접 받으면서 없으면 안
되는 위치에까지 올랐거든여...(자랑자랑)
헤헤헤^^;; 교수님 저 기특하져? (부끄부끄@@)

구헌철 : 올!!! 대단한데... 그래 사랑은 내리 사랑이란다. 글구 시간이 지나면 다 알게되지. **이가 배려하는 맘을 ...^^k

141

내가 원하는 그런이상형의 사람이 되는일이 정말 힘든것같아요..ㅡ_ㅠ
말과 생각으로는 쉽지만 행동은
꾸준해야하고 일정해야하기때문에 그런가봅니다..
나 자신을 좀더 조절할줄아는 사람이 되고싶습니다..

구헌철 : 그럼요... 행동으로 옮긴다는 것이 가장 힘든 일이지요. 그러나 행동으로 옮길 수 있는 계기를 스스로가 만들어 가는 것이 지혜로운 사람이 해야 할 일이 아닐까요 ???
모르긴해도 **군은 그런 고민을 할 수있다는 자체로 지혜로운 젊은이인거 같아요... 믿음직하네요...^^

142

교수님 홈피에 오면...
여기저기 아는 이름들의 글들을 한글자 한글자
정성껏 읽게 되는거 같아용!!
물론 모르는 이름들이 더 만치만....^^a
글두 우리 학번애덜은 이름만 봐두 얼굴이 새록새록 기억이 나서 느무 기분 ^______________^ 조아용!!
ㅋㅋ 늘 절 새로운 기분으로 다지게 해주는 교수님홈피를 사랑합니다.~~~♥

구헌철 : 인연은 내가 어떻게 정성을 들이느냐에 따라 많이 달라질 수 있단다... ^^k

143

교수님..~ 이번주는 회사서 워크샵도 있구
5월달 정산도 해야하고..그래서 빨리 갈꺼 같네여..
^-----------------^ 가끔 시간이 빨리 가는게 두려워요...
할일은 많지만.. 해논일이 없기에... ^^*
그래도 아직은 젊기에 노력이란... 단어를 생각해봅니다.. 5년후 10년후 제모습에 당당해 질려면..지금
노력하면서 살아야 겠져??
화이링~~ 해주세요 ㅋㅋ 또 올게요.. 건강하세요..

구헌철 : 바쁘게 사는 건 좋은 것이쥐... 다만 건강유의하고... 밥이 보약이니 끼니 걸르지말고... ^^k

144

교수님 셤기간인가봐요???
그럼 곧 방학하겠군요...흠미 부러워라^^
직장인들도 긴 휴가를 주었음 좋겠어요~~
에구구~~학교다닐때가 정말 좋았어요,,,그땐 몰랐는데,,,늘 같은 실수와 후회를 반복하게 되네요 ㅠㅠ
교수님이 그리워지는 밤,,,ㅎ ㅔ ㅎ ㅔ 좋은 꿈꾸세요~~

구헌철 : 실수와 후회가 반복되지 않는 인생은 없단다. 다만 같은 실수와 후회를 반복해선 안되겠지... **이는 매사 야무지게 잘하는걸 뭐... ^^k

145

느무 덥따앙~~~
교수님~ **이는 에어콘두 꺼진 사무실에서
나홀로 야근중입니다.
이제 정말 바캉스기간이 다가오긴 했나봐용!!
일이 점점 마나 지네용!!!
저 여행사에 있거든요!! 바캉스되면 이제
거의 듁음이죠~
상상만 해두 끔찍합니당. ㅡ.ㅜ

구헌철 : **이 야근한다구??? 가까이 있으면 야식이라도 보내줄 텐데... 어쩌겠니 여행사 입장에서 보면 년중 가장 고객이 많을 땐 걸... 서비스 정신으로 철저히 무장하고 항상 웃는 사원이 되기를... ^^k

146

꺄..악 교수님!!오늘날씨 엄청엄청 좋아용~~
이런날 나드리가구싶지만..회사에서 저를 필요로하기에...
이러구있습니다!오늘하루도 충실하게 열심히 할라구요!
교수님 화이또!!

구헌철 : **이 왔구나 ^^* 그래, 날씨가 넘 좋구나... 회사가 널 필요로 할 때가 가장 행복한 때이니, 컨디션 조절 잘하면서 열심히 생활해라... ^^k

147

교수님....
점심 식사 맛나게 드셨나여?
이번 글둥 너므 좋은데요...특히
"서로에게 행복을 전하는 행복의 천사가 되어야겠습니다..."좋아요...!! 행복한..천사...쿄쿄<<<<
날씨가 장난 아닌것 같아요...글서...지치내여~*
흐미...더버ㄹㅏ~ 션한 수박 먹구싶당!!! 구죠? 교수님! ㅎㅣ~

구헌철 : 정말 션한 수박이 먹구 싶어지네요... 우리 딸들도 수박을 좋아하니, 오늘은 퇴근길에 전쌤덕에 수박 한통 사서 가야겠습니다... ^^k

148

교수님~오랫만에 왔어요.요즘 회사일이 너무넘 힘들어서 거의시체처럼 지내고있어요. 정말이지 학생때가 좋았던것 같아요. 앙 ~힘들어요. 우리 교수님은 그많은 일촌들 방문하느라 바쁘실텐데 좋은길 가끔씩 웃을수있는글도있고 안부도있고 정말 감사드려요.교수님은 고수님이십니다.

구헌철 : 현대인에게 가장 무서운 질병이 '귀차니즘'과 '피고니즘'인데, **이 피고니즘에 빠진 것 같구나. 이 증상에 제일 좋은 약은 곁에 정신적으로 위로해줄 수 있는 사람을 두든가, 아니면, 좋은책 한 권과 음악한곡도 응급처치가 될 수 있지...
화이링 !!! ^^k

149

교수님 ~★ 오늘두 푹푹 쪄요 ^^;;
건강 유의 하세요~ ^^
저 상의 들일께 있어요…
이제 곧 4학년인데… 아직 졸업 준비도 안되있고..
졸업만 빨리 한다고 능사가 아니라는 생각에
담학기엔 휴학하려구요~
일단 영어는 뭘하든 기본이잖아요~
그래서 휴학하면서 영어 공부에 매진할려고 해요!!
근데 지금 고민중이랍니다~ !!
지금 언니가 케나다에 유학 가 있거든요.. 외국나가도
혼자 있는거 아니고 언니랑 같이 있으니까 나도 이번
학기때 갈까…생각중이에요!!
아니면 그냥… 여기서 공부할까…!!
솔직히 리스닝도 안되는 상황에서 무작정 간다고 해서
금방 늘꺼라는 생각은 감히 못하니까요 !! ^^;;
어떻하는게 좋을 까요~ 교수님!!
답답한 맘에 … 들렀어요 ^^:; ㅎㅎ
암쪼록 더위 조심하시구요 !! 건강하시길….

구헌철 : **구나^^*
늦었다고 생각할때가 가장 빠른거란 말도 있듯이, 지금이라도, 영어의 필요성을 느끼고 해야겠다는 생각만 있다면 방법이야 얼마든지 있지… 모든게 네맘에 달렸지만… 외국나가는 것만이 능사가 아님은 이미 너도 알고 있을터이지만… 글구 언니가 캐나다있고, 집에

서 부모님들도 권한다면, 현재 너의 마음이 영어를 꼭 배워야겠다는 열망이 어느때 보다 강하니... 조금의 준비만 되면 가서 공부하는 것도 효과가 있을 것같구나. 암튼 이런저런 생각하면서, 계획만 세우다가 시간을 허비하기보다는, 당장 실행에 옮기는 것이 무엇보다 중요한것이란다... 짬나면 한번 들르려므나 ... ^^k

150

교수님~ 건강히 잘 지내시죠? ^^
가끔 학교가 그리워지고 친구들도 보고싶어서 차타고 가고픈 맘이 가득해요~ ㅋㅋ 교수님도 저 궁금하시죠?
담에 한번 찾아뵐께요~~ ㅎㅎ
그땐 공부 열심히 안한게 후회되요~ 물런 지금도 그렇지만..^^ 벌써 방학을 했네요~ 우리때도 방학이 빨랐던것 같아요~ ^_^ 요즘 항상 좋은글 종종 남겨주셔서 넘 감사합니다~ 방학기간에도 늘 건강하시고 더운 날씨 속에서도 하시는 일 모두 잘 되시길 기도하겠습니다.^^

구헌철 : **이 더운데 고생이 많으네... 사람은 누구나 과거의 끈을 달고 살지... 그시간이 그리워 질수 있다함은 은경이가 학교에 대한 기억들을 좋게 간직하고 있는 것이구 그만큼 성실하게 생활했었다는 증거이기도 하지... ^^k

151

교수님 죄송해요.
그때 부탁하신 자료 못 보내 드려서....
집에 일이 생겨서 급하게 내려 가느라 연락을 드리지 못했어요.
정말정말루 죄송합니다.
교수님 잘 지내구 계시죠???
바쁘다는 핑계로 연락두 자주 못드리구....
그래두 항상 생각하구 있으니까 넘 미워하심 안되요...^^
날이 마니 더워 졌어요.
더위 조심하시구요....
앞으루 자주 들어 오겠습니다.

구헌철 : **이 왔군... ^^*
별소릴 다한다... 약속기한까지 안오면 사정이 있는 거라 생각하지... 당연히.. 그걸 아직도 맘에 담아두고 있었다니... 잘됐네... 이렇게 싸이에서 만나 네 맘의 부담을 덜어줄 수잇으니 ㅎㅎㅎ 전혀 개의치 마라... 나두 자주 들르마... ^^k

152

교수님 안녕하세요 ^-^* 날씨가 무지하게 덥네영 ㅠ0ㅠ
흑흑 오늘은 정말 방학을 만끽하고 있어요 헤헷~!!
실습나가기전에 방청객 아르바이트를 좀 해볼까
생각중이여요 (테레비보면 막 안웃낀데 박수쳐주고
오~우~와~ 이런거 하는일이;여 ^-^)예전에 방청객
마니 했거든여 히힛~ 낼은 즐건 토요일이네영~
즐겁게 보내시구여~ 더위조심하세여~!!

구헌철 : **군 ^^* 이렇게 부르니 남자부르는 것 같지...ㅎㅎㅎ 방청객 알바도 쉽지 않다던데... TV에서 볼 수도 있겠군ㅋㅋㅋ

153

ㅋㅋ 오랜만에 쬐에끔? 술을 자암깜 한잔하고 교수님을 찾아뵈었습니다. 저는 하나도 안취했는데 사람들이 취하니까 참... 저도 취하면 저렇겠구나..하는생각이 남들을 보면서 저 자신을 많이 반성하는 하루였습니다.
교수님 안녕히 주무십시요^^

구헌철 : ** 왔구나 ^^*
수~울 술 넘어가서 술이란 말에 공감했던때가 있었지 나두...ㅋㅋㅋ 무엇이든 과하거나 넘치지말아야한다는 교훈을 가장 잘 느낄 수 있게하는게 술이지... 명심해라.--------술이술이 마수리(수리수리마수리)... 술이 곧 마수이니라.

안녕하세요. 교수님 사실은 제가 아는 선배의 홈피에서 교수님의 답글을 보고 감명받았습니다. 우선 저는
동서대 외국어학부 1학년생 ***이라구 합니다.
교수님께서 말씀하시길
"착한일을 하고 살기가 점점 어려워지는 세상입니다.
그래도 누군가는 해야합니다.그누군가가 우리가 되면 더욱 좋겠습니다." 라는 말에 많은걸 느꼈습니다.
물론 저 말에는 진심이 담겨있겠지요.제 꿈이 좋은사람이되는것입니다.전 만남과 인연을 굉장히 중요시합니다.스쳐가는 인연이라도 정말 잃고 싶지 않은 그런 사람입니다. 하지만 필연적으로 스쳐가야 할 인연이라는게있다는것도 알았습니다.그렇지만 역시 인연을 보낸다는게참 씁쓸하다는건 언제나 드는 생각입니다.교수님
어른이 되서도 좋은사람 될 수 있을까요? 사람을 속이지 않고 배신하지 않고 착하게 살수 있을까요?

구헌철 : **군(이렇게 불러도 될런지요???) 동서대면 부산이네요...
나도 부산사람인데, 반가워요 ㅎㅎㅎ
물론 제 진심이구요,
나와함께 그 우리라는 말에 동의하는 모든 바보(???)들과,
어리석다고 손가락질받는다해도,
착한일하고 싶답니다.
제가 바보처럼 보이나요 ???
바보처럼 보이는 참으로 선한사람들의
착한미소가 있어 아직은 세상이 밝은거랍니다...^^*

또 **군이 인연에 대한 얘길했는데,
전적으로 공감하구요^^k
인연에 대해서는 책임을 져야한다고 생각해요.
모르긴해도 싸이를 하는 사람들만해도
수없이 많을 텐데...
이렇게 **군과 만난 것은 큰 인연이지요...
사이버상이지만 좋은 인연이 되었으면해요

155

선생님~ 바쁜 생활이 어느정도 정리가 됐어요~
결과는 두고봐야 알겠지만...
그래도 긴장감을 놓지않고 계속 공부하고 있어요~
얼른 애들이랑 선생님 뵈러 가고 싶어요~
근데 이 아이들이 기말 때문인지 통 연락이 없네요...
오랜만에 선생님 홈 놀러왔다가 좋은 글 몇개 퍼갑니다.
다른 것들도 많이 퍼갈래요~ㅎ 허락받았슴돠~!
더운 날씨에 몸 조심 하세요~*

구헌철 : **가 오랜만에 왔구나^^*
오, 준비하던 셤이 끝났나보네...
무슨 일이든 결과가 평가받는 세상이 되어 버렸지만,
그래도 아직은 결과에 연연하지 않고
최선을 다하는 맑은 마음의 가진
사람들이 많은 세상이기에 살만 한거 아닐까 ??? ^^

156

교수님..안녕하세요..
저오늘은..상담하러 왔어여..
괜찮져?ㅠ_ㅠ
싸이하면서..모르는 사람 알아간다는게..
참 좋은 일이라고 생각해요..
그런데..하나만 알고 둘은 생각을 못했나봐요..
그냥..편하게 지내서..친하게 지냈던것 뿐이였는데..
너무 친한척한다구..왜그러냐구..그러더라구여..
제가..아닌척하면서..조금 소심한 면이 있어서..
상처를 많이 받았어요..
사람들한테 얘기할때 가식적으로 말하는것보다..
그냥 편하게 대하는게 좋잖아요..
일상적인 대화보단 관심있는 한마디가..
더좋은건데.. 전 그렇게 생각했는데..
그렇게 생각한게 제 잘못이였는지..
상처만 받았어요..
이젠 사람들 만날때 형식적인 얘기만 해야하는건지..
그냥.. 상담받고 싶어서 중얼 거리다가 가요..
교수님 오늘 하루도 행복하시구요^^*
기분좋은 얘기만 해주셔서
오늘 하루도 행복할꺼 같아요..
나중에 또올께요..

구헌철 : **양..^^*
무엇이든 꼭 필요한 때라야 찾게되고,
그때사 비로소 소중한 것을 잃었음을 알게되는
어리석은 존재가 바로 우리네 인간들입니다...
우리가 인연의 끈을 엮어가면서,
가식적이고, 형식적인 대화들만 주고 받는다면,
그 인연의 끈은 썩은 동앗줄과 다를게 없겠지요...
그러나 상대가 그걸 알아주지 못한다고
절망하거나 상처받지 마세요. 아니 이미
상처받거나 절망했다면 그냥 그대로의
상처로 받아들이세요...
슬플 땐 최대로 깊게 슬퍼하고,
외로울 땐 가장 깊이 외로워 할 줄 알아야 합니다.
사람들은 그것을 두려워하고 피하려하지만,
느낄 수 있는 그 깊이가 인생을 더욱 더
깊게 만들어 줍니다.
상처 받기를.. 슬퍼하기를..
절망하기를 피하려 한다면,
그만큼 인생의 깊이를 터득 할
기회를 잃고 마는 것입니다.
그래도 아직은 세상이 **양처럼
가슴에서 우러나는 고운미소와
따뜻한 말한마디를 솔직하게 전할 수 있는
사람들이 있어 행복하고 살만한 것이랍니다...
~~~~~koo^^
~~~~~

157

교수님..

오늘은 아침부터 비가왔어요..

새벽에 넘흐 더워서 선풍기 틀고 잤었는데..

아침에 왜이리 춥나했더니..

비가 오는거 있죠!!

비가오니까.. 자꾸 짜증만 나구..

마음이 심란해 지는거 같아요;

좀 한참전에 비가 그쳤는데,,

비가 그치니까 더 추워요;;

이러다 감기걸릴꺼 같아요;;

오늘의 비는 날씨가 더워질꺼란걸 예시하는게 아닐듯;;

**이능 이만,,

또 심란하거나 그러면 또 들릴께요 –

구헌철 : **이 왔구나^^*

비가와서 짜증나고, 그래서 **이

마음이 심란해졌다???

그게 아니라

**이 맘에 뭔가 정리되지 않은

생채기가 있어 심란하고...

그런 자신에게 짜증나고...

그러던차에 비까지오고... 후=3

이렇게 한번 생각해보는 건 어떨까?

정돈되지 않은 맘으로 어수선하고

답답했는데… 너무도 션하게
비가와서는 말끔히
씻어주는구나라고 말이야… ^^k
올여름은 무지 덥다니까…
지금의 이 시원한 기분을
많이 담아두려므나…
글구 참,
선풍기 켜놓고 자면 안도ㅑ!!! ^^k

158

교수님 오랫만이져~
드뎌 졸업했네여;;
교수님 졸업식때 멋지시던데요~
^-^막상 졸업하구나니깐
기분 디게 이상해요 ㅠ_ㅠ

구헌철 : **는 맘이 곱고
성실하니 뭐든지
잘할꺼야…다만
자주 아프지 않았음한다.
그래야 하고 싶은 일
열심히하지…다시한번
졸업 축하하고,
우리의 또다른 만남이 시작된 것이다. 잊지마!!!

159

안녕하세요 교수님.ㅎ 저의 홈피에 와주셔서 감사 감사.^^
어린왕자이세요?ㅋㅋ
전장미인데? ㅡㅡ;;;
죄송.-_-;;
하
대학가기가 힘든가요?
전 문과인데 -_- 애들 다 수학포기하기시작하구요
축축 쳐진답니다
그럼 또 올께요

구헌철 : **양, ^^*
고3들이 가장 힘들어하는 시기이죠, 지금부터가...
그리고 이때가 되면 바이러스 감염도
젤 잘되지요...
우울...시기...의기소침...
귀차니즘... 포기즘등 많은 나쁜
바이러스들이 공격하지요...
그러나, 그 반면에
해피바이러스도 많으니...
**양은 해피바이러스에만
감염되고, 나쁜 바이러스에 감연된
친구들에게도 해피바이러스를 전염시키세요... ㅎㅎㅎ
음, **양의 탁월한 선택에
도움이 되려면, 좀더 자세히 알아야겠죠

160

오늘 비가 참 많이 왔어여~ㅋ
오랜만에 느껴보는 션한 기분이였던 것 같애여^^*
하루하루 반복되는것 같아 요즘은 기분이 썩~~-.,-
새로운 무언가를 해보고 싶은데 자신은 없네여~ 흑ㅜㅜ

구헌철 : **이네^^*
**가 오늘 내린 비처럼 뭔가
맘이 션해질일 하고싶은 게로구나...
그래, 항상 새로운 무언가를
배우고, 또 경험해보는 것은 아주 중요한일이지...
근데 그보다 더 중요한것이 있단다..
그건 지금 날 무료하게 만들고 있는
평범하게 반복되는 일상들에 대한
고마움을 깨닫는 것이란다.^^*
퇴근하고 집에 갔는데 갑자기 정전이
되었다거나, 샤워하며 머리에 샴푸가
가득 묻어있는데, 수돗물이 나오지않게되면,
우리는 그제서야, 전기나 물의 고마움을 깨닫게
되는것이지...
우리네 삶의 모습들이 다그런거라고 생각한다.
가끔 하늘 한번 볼 수 있는 여유라도
있다면 그것만이라도 무척 고마운것 아니겠니???
반복되는 하루에 고마워하면서
새로운 무언가를 할 수 있게 될 바란다... ^^k

161

교수님 오늘두 즐거운 하루 되셨나이까???

전 오늘 쉬는날이라 하루종이 잠만 잤지 머예요....

요즘 넘 게을러 졌어요...

학교 다닐땐 그래두 책두 보고 했는데...

짐은 책이랑은 담을 쌓구 살구 있어요....

이러다 바보가 되어버리는건 아닌지....공부를 해야겠다는 생각은

자꾸 커져만 가는데...

행동으루 옮기기가 쉽지 않네요...

교수님 존꿈꾸시구...안농히 주무세용

구헌철 : ***~~~^^*

책은 담을 쌓으라고 있는게 아닌데... ㅋㅋㅋ

습관이 사람을 변화시킨다는 말처럼

책을 읽는 것은 습관을 어떻게 들이느냐에

달려있는 것이란다.

음... 늘 손에 가지고 다녀봐라.

조그마하고 얇은 것으로..

언제 어느때라도

펴 볼 수있게 말이야...

습관은 작은 시작부터... ^^k

162

교수님..저 삐졌었어요~!
치..학점좀 조금만 선심 더 써주시지..ㅠ_ㅠ
잘지내세요?^^ 비가 오네요..
감기 조심하시고요..옷따뜻히 입구 다니세요..

구헌철 : 학점은 선심용이 아니라네.
다른 걸로 선심쓰지...ㅎㅎㅎ

163

교수님!
잘지내고계세요?^^

구헌철 : **이가 오랜만에 왔구나...^^k
긴방학을 알차게 보내고 있으리라 믿는다.
영혼이 맑은 아이들을 가르칠
선생님이 되기위해 만은 노력을
해야겠지...
**이는 좋은 선생님이
될 수 있으리라고 믿는다.
설명절도 잘 보내고,
또 연락하자꾸나...^^k

교수님~ 안녕하세요??^^
요즘 교수님 보고 싶어서 죽겠어여~ㅋㅋㅋ
전 이곳에서 잘 적응하고 있나봐여.... 그런가??^^
한국 사람은 아무대나 놔둬도 잘 적응하잖아여^^
여긴 짐 오후 4시 다됐어여...^^ 한국은 짐 7시 50분 ......^^
아직 컴터에 있는 한국 시간을 안 지워서 한국에 대해서 잘 알죠~^^ 걍 그러고 싶어서....헤헤;;
저 여기와서 고모부 식구들이랑 여행도 많이 했어여~ 결정적으로 디카 씨디를 못가지고 와서 사진은 별로 안남았지만.....——;;
라스베가스에서 대박 꿈도 키워보고, 에리조나, 켈리포니아, 디지니 랜드, 샌드에이고....
요즘 가끔씩 사진 엇댓하고 있으니까 이 잘난(??——;;) 제자 보러 오셔도 되여~ㅋㅋ
여기 Homework,이랑 테스트 장난 아니게 많아여~ 완전 토할정도에여~ㅠㅠ
오늘도 테스트 2개씩이나보고.....
교수님 저한테 힘을 주세여~ㅋㅋ
교수님, 항상 건강하시고여~ 행복하세여~^^
담에 또 소식 전하러 올께여~^^

구헌철 : **이구나...^^*
그러고보니 네가 미국간지도
벌써 한달이 되어가는구나.
"교수님 저 갑니다"하고 간게

바로 어제같은데...
**이는 잘해낼꺼라고 믿는다.
어려운 과정을 거쳐 간 유학이니,
열심히하고 돌아와서
후배들에게 꿈을 줄 수있는
선배가 되기바란다.
도움이 필요하면 언제라도 연락하려므나...
화이링!!! ^^k

165

안녕하세요? 교수님..
너무 오랫만에 들렀습니다.
어제는 눈이 와서 기분조케 하더니
오늘은 어제 기분조았던거 시기라두 하는지
너부너부 줍네용!! 내일은 더 춥다 하던데...
늘 언제나 몸 건강 조심하시구용!!
여기 들어오면 교수님이 계셔서 그런지
넘 따뜻하네요~~~ ^^

구헌철 : 그래,,, **이가 정말 오랜만에 왔구나...^^*
직장생활 열심히하고 있다는 소식은
듣고있단다.
늘 즐거운 맘으로 최선을 다하기바란다...^^k

166

교수님~~너무 오랫만이죠...오랫만에 오느라 발걸음에 민망함이있네요..헤헤
전 회사그만두고 휴식의 시간을 갖고있답니다.
못다한 공부를 하려구요.한번에두가지는 정말 능력의 한계가 있어서요. 잘한건지 모르겠지만 후회는 안할려고합니다.. 일이 좀 있어서 대학 성적표를 띠었는딩 아휴 엉망진창이더군요..^^
좀 열심히할껄 쩝쩝~~했답니다.
못된 감기한텐 당하지않으셨나요?
새해 인사가 넘 늦지만 복 만땅으로 받으시구요~~
항상 주님의 축복이 교수님 가족에 펑펑 넘쳐나길~~

구헌철 : **이네^^*
늦었다고 생각할때가
가장 빠른거라는 말이 있듯이
지금이라도 공부를 더해보려는
생각을 했다니, 대견하구나...
늘 **이는 공부를 더했으면 하는
아쉬움이 있었는데 정말 잘됐다.
그동안 직장 경험도 있고하니
잘해낼 수 있으리라 믿어...^^k
도움이 필요하면 연락하려므나...
오늘도 **학번 남학생 둘이
편입문제로 상담하러 왔었단다.
기회가 있을 때, 자기 충전을 위해

최선을 다한다면 결코 후회할이유는
없으리라고 믿는다.
늘 그랬지만 현명한 **이의
선택에 격려의 박수를 보낸다.
욱스~~ 화이링!!! ^^k

167

교수님...정말 감사합니다. 격려해주고 응원해주는 교수님이 있어 정말 감사하고 든든한 힘이 있어 정말 행복합니다. 교수님의 응원에 힘입어 정말 후회하지않게 열심히 할께요.자신감 백만배예요...
정성스런 말씀에 또 한번 감동입니다요..ㅠㅠ
공부하면서 꼭 찾아뵐께요 꼭이요...
정말 감사합니다.

구헌철 : 나도 열심히사는
**이가 있어
행복하단다...^^k

교수님. 저 **요... 누군가 하셨죠..신랑이름이요~
대원과 인연이 참 깊죠^^
그동안 잘 지내셨나요?... 넘 죄송합니다... 결혼한다고 말씀드려 놓고,, 전화도 못드리고,, 용기없어 연락못드리다 이렇게 들려봅니다... 면목없습니다...꾸벅-.-
교수님... 늦었지만 새해 복 많이 많이 받으시구요...
올해도 건강하시고, 소망하시는 모든일 이루어지시길 바랍니다..^^
저 어느새 이쁜딸 낳았어요..다음에 또 들르께요~

구헌철 : **!!! 드디어 애기엄마의
모습으로 왔구나...^^*
신랑이름이 *대원이라,,,
그래, **는 정말 대원과 인연인가보다 ㅎㅎㅎ
**학번들끼리 서울에서
한번씩 만난다는 소식은
전해듣고 있단다.
**이랑 몇몇애들에게
작은 모임이지만,
서울 **학번 동문모임을
결성하여 보라고 애기했는데
아직 소식이 없네.
좀더 기다려보고 안되면
내가 소집해서 올라갈 참이다.
다들 바쁘겠지만 그럴수록

소중한 인연으로 만난 이들끼리
정기적으로 만나고,
체전이나 축전때 제천에 와서
후배들에게 꿈과 용기를
줄 수 있는 선배들이어야 하지 않겠니?
이쁜딸키우르라 정신없겠지만
애들에게 연락해서 우선 싸이클럽에
동문 클럽부터 하나 오픈하도록하렴...
**가 컴은 잘하니까 방장을 하면 좋겠구나.
년초에 ** 소식을 들어 너무 좋구나...^^k

169

교수님~~잘지내시죠?
제가있는곳은 오늘 눈이 많이 와서 쌓였어요~ㅎ
거기도 눈많이 왔나요?
암튼 감기조심하시고~새해 복 많이 받으세요^-^

구헌철 : 귀여운 **이가 왔구나...^^k
방학 잘 보내고 있지???
유아교육과 악동들의
재잘거리는 모습이 떠오르네.
몸조심하고 알찬 시간들 갖기바래...^^k

170

얼마전.. 티비에서 호주 관련 방송을 봤는데...
순간.. 아침부터 떨렸어요...
영어를 공부하겠단 같은 생각을 갖고 일도 하고 여행도
하는 워킹 홀리데이 비자로... 열심히 사는사람들을
보면서~~ 많은 생각이 들었답니다..
학교 다닐땐.. 그래도 영어를 접할 기회가 많아서..
지금보단... 영어에 대한 맘이 찐~~~했는데..^^;;;;;;
요즘은 사랑이 좀..마니 식었네요... ㅋㅋ
올해 목표가 생겼어요..
열심히 돈 모아서.... 뱅기 값도 벌구..
서른전에... 저두 도전해보고 싶어서요..^^
공부는 진짜.. 죽을때까지 해야 되는거 같아요..^^
아~~~~~~~~~~~~~ 넘 수다 마니 떨구 갑니다..헤헤헤헤
교수님.. 이번주는 어케 보내셨는지요???
행복한 한주로 마무리 하시길...바랍니다..

구헌철 : **이구나...^^*
그래 모든 여건이 되어서
외국에 가서 공부해보는 것도
중요한 경험이 되겠지.
나연이는 학교 다닐때부터 그런 마음이
있었으니...
뜻이 있는 곳에 길이 있다!!!
도움이 필요하면 연락하구...^^k

171

교수님 **이 왔어여...
요즘힘든일이너무많아서..정말많이힘드네요... 헛헛~~
1월까지만하구 일그만두고쉴라구요..괘안은생각인지...
모르겠어여..요즘 슬럼프인거같아요~걱정되요교수님...

구헌철 : 어허,,,
항상 밝고 적극적이던
**이가 무슨일일까???
이렇게 생각해보는게 어떨까?
지금 **이일이 갑자기 힘들어진걸까...
아니면 늘 하던 일인데 힘들다고 생각하는걸까?
난 후자라는 생각이드네...
그렇다면,
**이가 지금 그일을 하면서
몹시 즐거워했던 적을 떠올려봐...
아마도 **인 지금 일자체가 힘든게 아니라
직장내 또는 주변친지들과의 인간관계에
문제가 생긴게 아닐까...
**이 자신의 입장보다
상대의 입장이 되어 한번쯤 생각해보는 것도
때론 아주 쉬운 해결방법이 되기도하지...
**아, 평소 너의 모습처럼
활기차고 생생하게 슬럼프를 벗어나기바래...
또연락하자... 화이링!!! ^^k

172

교수님 일요일 이시간쯤 미사보고계시겠지요?
아닐련가요?
날씨가 스산하네요 .차에 가져올게 있어 잠깐 밖에 나갔다왔는데요
하늘은 회색이고 날씨는 쌀쌀하네요.
워낙에는 계룡산 등산 예정이었지만 방학이라고
갑자기 시작한 운동이 독이 되어 약복용하고
오늘 하루 집에서 쉽니다.
아줌마라 집에서 쉬니 할일이 더 많은것 같군요.
청소 빨래 장난 아닙니다~
그럼!!!!!
여기 방문할 시간은 뭐냐고요?
음............
농땡이라고 하죠? ㅋㅋㅋ
교수님 강의 그립네요.
수업에 별로 참석도 못하고 혼자 공부하느라
그것도 벼락치기 공부하느라 고생했지만
직접 강의로 들었음 더 즐거웠으리란 생각이 들었어요.
방학에는 뭐하실거에요?
저는 계획없어요. 아니 아직 못짰어요
그동안 못했던 아내노릇 며느리 노릇 딸노릇
해야할듯도 하고 직장생활에 박차를 가해야할듯도하고
주말을 더 알차게 즐기고도 싶고...........
어쨌든 열심히 사는게 중요하다고 BOA요.

참고로 저 혈액형 “O”형입니다
명석하며 자신의 의지를 관철시키는 타입이라죠?
호호호호
행복하고 건강한 주말 되시길 기도합니다.

173

교수님 자기전에 잠깐 들렀어요....
연말이라 넘넘 바빠요.그래서 넘 힘들구요...
그치만 즐거운 맘으루 일할려구 노력중입니다.
낼 또 열씨미 일할라믄 이제 자야겠어요.
교수님 안녕히 주무세요.....

구헌철 : ***^^*
이제 상당한 경력이 쌓였는데도
여전히 힘들지???
하지만 ***는 늘
최선을 다해왔잖아...^^k
남은 한해 마무리잘하고,
참 단양 부모님께도 자주 연락해...^^k

174

교수님~ 안녕하세요~^^
어제 제천두 첫 눈 왔었나요~?
전 지금 청주에 있는데 비 왔거든요~^^;;
다들 첫 눈이라구 설렘으로 어젤 보낸 것 같은데 전...^^;;
비 온 뒤 많이 추워질 줄 알았는데
그래두 견딜만 하네요~ 다행이예요~^^
방전... 지금의 제 상태가 딱 그래요~
그렇다구 방전되기 전에 온 힘을 다해 달렸던 것두 아닌데,
실패했다구 크게 실망한 것두 아니었는데
어떤 의욕두 생기지 않는
어처구니 없는 한 달을 그냥 흘려 보냈습니다~
이런 실수 반복하지 말자구
매번 반복해서 다짐을 해두
결관 항상 똑같은 것 같아요~
이제 슬슬 제 자신에게 화두 나구, 실망두 되구 그러네요~
그래두 교수님 글 보니깐요~
한 번 더 나를 믿구 힘껏 달려 보구 싶어지네요~
내년 이맘때쯤... 방전없이 보냈다구
자신있게 말할 수 있는 ***이 되기 위해
더 열심히 노력하겠습니다~
매번 좋은 글 감사해요~ 교수님~
건강하시길 바랄께요~^^

175

교수님^^*

정말 가을도 이제 뒷모습을 남기고...곧 겨울이 다가오겠죠...겨울엔 저에게 많은 고민과 결정을 해야하는 시기라서...많이 긴장되고 걱정도 되고...시간이 여기서 멈추었으면 하는 생각도 드네요...^^*

대장금...영어로 번역한다면...^^

우와~~교수님 정말 대단하시네요^^*

힘드시겠지만 번역이 끝나면 정말 행복하고 보람을 느끼실 거예요^^ 힘내세요.

교수님 요즘은 삶의 여유가 없어서 슬럼프를 겪고 있는 듯 했는데 교수님의 세상을 긍정적인 눈으로 바라보는 시각을 배우고 싶네요^^

오늘도 남겨진 레포트를 해야하지만...주어진 일이 있기에 살아있음도 느낄 수 있다는 생각이 듭니다^^

교수님 오늘 하루도 행복한 하루되세요^^*

3부

나

내가 하나를 주고
하나를 바라면 사랑이 아닙니다.
내가 둘을 줬으니
하나 정도는 받아야겠지하는 것도
사랑이 아닙니다.
아흔아홉개를 주고도
하나를 더주어 백개를 채우지못해
안타까워하는 것이 사랑의 시작입니다.

울 막둥이 독도

바람잘 날 없음에
응석 한번 부려보지못한
울 막둥이

따스한 손길 미치지 못한
방관속에서도
투정 한번 없었던
울 막둥이

세종실록지리지와 유행가 주인공으로
유명해졌음에도
늘 외롭기만한
울 막둥이

틈만 나면 힐끗거리며,
야비한 미소를 짓던
가깝고도 먼 이웃집 아줌마가
울 막둥이를
자기아이라 억지부린다.
이제 훌쩍커버린
울 막둥이를…
허!…기가 막힌다…

이제라도 울 막둥일
따뜻하게 안아주고
지켜야한다.
한국인이라는 성을 가진
우리 모두가 !!!

☯ 삼가 고 김선일씨의 명복을 빕니다. 깊은 애도를 표합니다... ☯

고인의 영전에 바칩니다.

어젯밤 끝자락
실낱같은 희망안고
잠자리에 들었는데...
오늘은 하늘조차 울려는 듯
울먹이고 있구려...
죽고싶지 않다고 오열하던 모습은
이미 이땅에 메아리에 되었소.

칠순잔치에 함께하겠다던
꿈결같은 만남의 인연줄을
다잡지 못하고 헤어졌으니
오늘,
울먹이는 하늘이
당신의 不在를 안타까워 하는구려...

가슴속에 깊은 상흔을 안고 날아가
불러도 대답없으니,
어느새 당신은
저 가벼운 하늘나라 천사되어
쉬임없이 날고 있단 말이오...

당신이 있어야 하는 오늘 우리는,
당신의 빈자리를 쓸어안으며
당신의 영원한 안식만을
기도할 뿐입니다...

막연함이 남기는 사랑의 무늬

말 할수 없는 사랑앞에 직면하고 있을 때 만큼
막연하게 서러운 것은 없다.
표현할 수 없는 사랑 앞에서
막연하게 사랑을 꿈꾸면서
막연한 그리움으로 몸서리 치다
문득 그리던 얼굴이 출몰할 때
본지 사랑스럽움이란
막연해야 더 아름다울 수 있다는
자위의 여지를 마련해본다.
그리하여 나는
또 하나의 사랑을
시간의 흐름속에 방생하기로 한다.
어느날,
그 방생의 허허로움이 분명
더 큰 아름다운 사랑의 무늬로써
내 영혼의 자막위에
선명히 떠오를 것을 믿기 때문에.

모 순

부서지는 연습을 하자.
무너지는 연습을 하자.
산산조각이 되어 보기도 하자.
그것으로
철저히 가면쓴 군상들의 삶에
진지한 복수가 될 수 있으리라.

부서질땐 근원가지 부서질줄 알고
무너질땐 고결하게 무너질줄 아는 것
그런
타협을 거부하는 고집스런 부서짐,
그리고 무너짐속에서만
영혼은
스스로 몸을 일으켜 세워
가장 힘차고 따스한 순수의 비약을
보여주리라.
허울슨 生의 모든 것이
그저 착각의 헛수고 임을
보여 주리라.

10 월

유리창 너머에
가을 하늘이 논다.
발가벗은 구름들이
또 그 하늘위를
새처럼 놀고 있다.

역사는 울음 울지 않는다.
단지 움직일 뿐
공기처럼, 시간처럼
기척이 없다.

오륜 깃발이 수 놓은
이 10월의 하늘은 더욱 더 높아만 보인다.
또 보인다.
이제부터 이 민족이 지나야할 門이
門을 열면 갈수 있을것도 같은데
門은 너무 많은 듯도 하고
없기도 했다가
움직이는 안보이는 가벼운 門이 되어
코스모스 스치는 가을 바람속에 온다.

10월!
공기가 너무 깊이 맑아서
역사의 갈림길에 서있는
이 민족에게
도약의 문을 열어주고 있다.

또 하나의 빛

하루가 밝아오듯
우리의 삶 또한
이렇듯 새로운 여명이 있을 줄이야
사랑하는 사람아
육신은 둘이지만 여민 하나 마음되어
새벽트는 햇살로 타올라
너랑 섞이고 싶어
밤마다 네 벼갯머리로 간다.
새벽마다 내 움터로 돌아온다.
이밤엔
사랑 실어 내리는
빗줄기 변주곡으로
네문전에서 그리움을 노래한다.

너를 사랑하나 보다
너를 담은 마음 하나만으로
하루에 또 다란 하루가
이렇듯 또 하나의
생명의 빛으로 충만할 줄이야.

모 래 城

밤하늘 올려보면
깜박이며 미소 짓는 별들은
무너진 내 첫 城의 조각들,
금빛, 은빛으로 대글거는
밤마다 모래알 하나, 두울 모아
조용히 쌓고픈 또 하나의 작은 城
정녕,
아무의 손도 타지 않은
소담스런 나 하나만의 城,
바람의 시새움인가
파도의 질투인가
꼬옥 쥐어진 네 앙증스런 손아귀에
바람은 웬말이며,
조약돌은 또 무언가
정녕,
채 쌓기도 전에
무너져 내릴
모래城 인가!

飛 上

일어나라, 돈보스크!
일어나 날아라.
날개 쭉지 찢기고 부서졌다 싶으면
부서진 만큼 날수 있다.

산산이 조각나
모든게 끝났다 싶으면
끝난 그만큼 날 수 있다.

아픔은 한오라기 빛이 있음에 참아내고
쓰러짐은 잔잔히스며오는 또 하나의 사랑을
지팡이하여 일어서라.

날개짓 하라, 돈보스크!
하늘 하나 가득 메우듯
크게 날개짓 하라.
힘찬 날개짓으로
죽었다 싶게 멍울진
너의 깊은 상처를 치유하라.

포 옹

싸안아 주리라.
하늘빛 의상 차려입고
소리없이 내게 이르는 너.
밀치고 밀쳐내야 하는
마음 가누고
이제야 너를 사랑한다.

인연이다. 생명이 끈이된
인연이다.
목숨이다. 슬픔으로 지탱하는
목숨이다.

이제는 싸안아 주리라.
풀지않는 긴 긴 포옹으로
내품안에서
파르르 떨다
풀어지게 하리라.

아 직 은...

누군가가
그렇게도 부르고파
허공에 눈길 머문다.
누군가가
그렇게도 부르고파
문득 발길 머문다.

오늘도
내 사랑을 위하여
그리움의 하루가 지나면
그만치 네가 내게로 다가서고
아직은 부를수 없는 이름,
가슴으로 안으며
손을 내밀어도
지금은 잡히지 않는 거리

날마다
새로이 꽃잎트는 사랑과
깊은 그리움으로 해후하는
그날을 위하여
아직은 더 아파야 할 것 같다.

제 자리 놀음

가도 가도 못 다 가서
이렇듯 무수한 날을
가고 또 갔는데도
그저 제 자리에 서 있는 듯한
답답함, 외로움, 그리고 서글픔,
그래,
결국 삶이란
이렇듯 제자리에서 동분서주하며
도주하고 질주하는
그리하여
다시 원점으로 회귀하는
장거리 여행인지도 모른다.
살고 또 살았는데도
결국 죽음이란 원점으로
귀향해야 하는 것이
거역할 수 없는
숙명인 것처럼…

메아리

아우성, 함성 어우러 범벅되어진
짜증섞인 목소리만 가득 메워진
메아리 없는 공간 이지만,

한껏 구름 그림 그리고는
싫은 듯 기어이 실비 뿌려대는
하늘 보곤 돌려질 메아리 하나 그리워하지만,

내 작은 마음의 공간에는
소녀의 해맑은 모습이 햇살되어 가득하고
이슬 방울 구르는 듯
소녀의 떼그르르... 웃음이
메아리 되어 넘쳐 흐르니,

무겁던 고개 휘어 한번 젓고
바보처럼 씩 한번 웃고는
다시금 활자내음 말을 수 있나보다

염 원

마리아, 오랜 우리의 뜨거운 염원을 안고 하늘로 이어가는
저희 눈길에도 당신의 마음은 열리어 모두 아기예수의
세상 오심같이 찬란한 환희로 빛납니다.
이제 주님의 변함없는 축복이 있는 오늘,
우리 작은 가슴인채로 내일향해 떠나려 합니다.
마리아!
한점 깨짐없이 타올라 조금도 헛점없는 저희가 되게 하십시오.
당신의 품에선 벗어나 있으나 언제나 당신의 따스한 눈길을
힐깃거리며 훔쳐보던 저 이옵니다.
남몰래 문닫은 상처입은 마음의 번민속에서도
저를 살게하신 당신의 빛나던 목소리, 그 환영,
이제 한줄기 촛불을 밝혀놓고 진실을 지키며 살렵니다.
마리아!
당신은 언제이고 당신의 푸른 웃음을 영원히
잃지 마옵소서!

"함 성"

아, 목놓아 우는
외마디 아우성은
겨울빛 여울목 그리는
몸부림의 소산이던기
목줄 따라 돗는 핏대는
아, 누굴 위한
놀음 이던가

상아탑 울안에서만
메아리 일 수 밖에 없는
이 함성들의 행선지를
누군들 알 수 있으련가.

가만,,,

가만,
  맑은 눈의 아가야
  넌,
  그 맑은 눈빛에다
  꿈을 띄우자
  저렇듯이 푸르른 산빛의 꿈을

가만,
  하이얗게 웃고 있는 아가야
  세월속에 그을리지 않은 너
  그 하이얀 웃음을 해 인양
  하늘에 날려보내자
  저렇듯이 피어나는 구름빛 웃음을

생채기 닳는 손가락 하나의 아픔

마디 마디
님주신 것임은 같건만,
어울리지 못함이
설움되었을 것이건만,
작은 가슴 깊이
묻어 놓은채
미소 머금어주어 궂은 일 마다않는 너이지만
네 눈망울이 부르는 소리가
하나 손가락 생채기 앓듯
아파오고
아홉 손가락 모르는 노래되어
전해오는 구나
눈물의 넋이련가
영혼의 아픔이련가
손가락 하나의 아픔이어!

폐 허

몇날이던가
밤낮으로
무관심한 소음만이 들리더니
네 몸뚱아리는
형체조차 없어지고
얼룩진 페인트 진축
녹다리 묻지 않은
철로들은
기세좋게 하늘을 찌르고
네가 비워준 빈터에서는
철모르는
동네아이들 노래 소리만이
가득하더니
햇님 설핏해진
지금은 그들조차
비워 놓은 자리,
또 한꺼풀 벗겨진
시간은 역사의 흐름속으로
폐허된 너와 함께
행장 구려 떠나누나

아직 끝나지 않은 겨울 이야기

아직 끝나지 않은 아야기가 있다.
숱한 사연 담은 지난겨울의 이야기가
깊은 동면에서 피어나고 있다.
녹아나는 마지막 눈꽃은 아스라이 지탱하고 있는
나뭇가지를 바라보며 우리의 긴 겨울이야기를 생각한다.

우 너는 기억하겠지 잿빛겨울하늘과 하얀눈
아니 또 손끝 감각, 빠알간색 스치고 온기가 피던 Lab실을
나는 기억한다. 종종걸음으로 우리의 겨울이야기를 위해
총총히 걸어오던 너희의 긴 겨울 발걸음을.
나는 기억한다. 침묵에 싸인 한잔의 식어버린 커피를
바깥은 하얗게 눈으로 덮히고 눈꽃은 덩실덩실 춤을 추는데
나는 처절하도록 쓸쓸했던 때를,

나는 언제나 너의 빈터로 남아 있으련다
아직 끝나지 않은 우리의 이야기를 위해.

그러나 그것은 동면에서 깨어난 너희가
언제나 푸르름의
향기를 담고 있기를 바라던 나의 고독이었다.

이제 너희와 함께 별을 동경하며
불타는 가슴으로 이야기하련다
아직 끝나지 않은 우리의 아야기를 위해.

주여!
고독하지 않으려 많이 방황했습니다.
당신 안계신 그 건널목에서
내 날개, 푸른 날갠 타인들 속에서
울다가 잃어버렸습니다.

주여!
지금 나에겐 아무것도 없습니다.
씻고, 씻은 빈손, 외로운 빈손입니다.
철늦은 소낙비처럼 고해하고
당신의 목자되어 사랑하고 싶습니다.
사랑하고 싶습니다.

주여!
당신 안 계신 벌판에서 부서지고 깨진 상처
당신 안에서 평화롭게 하시고
당신으로 하여
나를 죄인이게 하옵소서. 주여.

– 84.5.5 –
Pope. John Daul 2
– 부산방문 – (수영공항)

To : Pope John paul Ⅱ. '84. 5. 5

오늘 여기 한 나그네가 머무른다.

긴긴 여행속에 시달렸음에도
나그네는 밝은 기운을 내뿜으며
세상은 온통 녹색의 화원으로
치장케 한다.

푸르게 번져가는 온 누리속에
동안인 듯 티없이 맑은 미소를
머금은 얼굴이
그렇게 다가오고 있다.

누구인가. 저토록 온화한 얼굴을 한사람
언제부터 저렇게 팔을 벌리고 있나

나그네 봇짐속 사랑, 평화의 씨앗이
이 땅에도.

안개꽃

망울 망울
여린 미소 머금고
오직 홀로 남아 피고 있다.
아름다운 자태 뽐내던 친구들이
빛 바래어 사라져 버렸어도
봉오리 조차 움츠리어 부끄러움으로
수줍어하며 외롭지 않다는 듯 미소짓고 있구나

나 외로운 널 혼자두어
줄기위에서 마르게 하진 않으리라
너 잠들면
일관된 네 삶의 바램따라
네 작은 꽃잎들을
향기 바랜 네 멋들이
떨어져 있는 곳에 뿌려 주리라.

그 아무도 알아주지 않는 진솔한 네 사랑이어도,
사랑의 참된 빛남을
영원히 나와 함께 하리라.

참 오랜만에...

참 오랜만이었습니다.

맑음에 눈부셔 고개들지 못했던
사춘기 시절이후
참 오랜만이었습니다.

내 심연 깊숙이
오래오래 묻어두었던
그 맑은 눈동자의 기억이 아직 내게 남은 것은
순결스러움 때문이 아니라
그때
그 해맑음 속에서
내 작은 몸짓부터
삶의 전체가
헤엄치며 노닐수 있었기 때문입니다.

참 오랜만이었습니다.
참 오랜만에...

하늬바람 불면

하늬바람 불면
아카시아 꽃잎은 날리고
아카시아 날릴 때
너에게 편지를 슨다.

네곁으로 향하는 순전한 마음이
향기롭게 가득한
이런 날
손목이 시리도록 긴 편지를 쓴다

그늘진 벤치에 홀로 앉으면
말로 못다할
초록의 아픔이 눈물 겨워
가슴 가득 안아보는 하늘

우리들의 빈 자리
그리움을 접어 종이 비행기를 날린다

하늬바람 불면
아카시아 꽃잎은 황홀하게 날리고
아카시아 날릴 때
너에게 편지를 쓴다.

목 숨

내 하나의 목숨이 있어
아침마다 해를 볼수 있었다.

긴 강을 따라
유유한 기익이 흐르면
아득한 내 유년의 하늘이 연처럼 걸려
그런 아침이면
작은 코스모스 한송이가
에덴의 꽃처럼 피어났다.

길은 언제나
오고가기 우해 있는데
어찌 못다간 길 되돌아 보며
그저 그렇듯이 나는 가는가.
사위어가는 젊음의 그날부터
많은 날 흘려보낸 뒤의 그림자 남겨져도
내 또다시
그 강을 따라 거니노라면
허허한 휘파람 사이로
하늘이 열리고
두손에 한줌 햇빛이 모여지는
어느집 뒤곁에서는
푸른 강낭콩이 하늘을 꿈꾸고

내 하늘을 우러름은
아침마다 새로이
목숨을 받는다는 것이다.

사랑하기에 너무도 사랑하기에

– Amaranth 에–

하나 인 듯 하나가 아니고
여럿인양 여럿이 아닌 Amaranth.
넌 화려한 듯, 오만한 듯
그러나
별인양 어둠을 먹고
눈물겹도록 저린 아픔들 그림자 삼아
동화쓰는 가난한 길손들 벗하여
소담스러이 피고 있고나.

너의 음성과 눈망울은
태양마저 증발케 하고
나를 웃게 하고 울게 하고
공연히 떠들게도 한다.

무대 가득 너로 넘쳐나고
막이 걷힐 때
울렁거리는 환희로 눈물 나리게 했고
이제 네음성이 귓전을 우리메
어쩌면 이토록 생생히 되살아라
내 가슴속에 조용히 눈물 나리게 하뇨?

Amaranth!
영원히 질 수 없는 네 운명같은

뜨거운 약속이라도 주렴,

하나된
영롱한 네 눈빛으로 하여
이토록 황량한 내 가슴인 채
지울 수 없는 그림자로 굳어 있게 해다오.

오늘도
한잔 술 들며,
널 사랑하지 않을 수 없음에
취해간다.
널 사랑하지 않을 수 없음에.

잠 시 라 도

머물련?
괜찮으니?
잠시라면.

순간은 영립을 지나
하나 되어도
떠나련?

잡지 못함이 아냐
잡히지 않음이야

머물지 않으련
잠시라도...

그 리 움

내 사랑 하느니
어디 어느때의
느닷없는 쓰라림
밤 열두시, 밑도 끝도 없이
지진처럼 몸을 흔들고 지나가는
마음의 파문
뭘 아는 듯한 슬픔
뭘 아는 듯한 공복감
뭘 아는 듯한 흔들림
그 모든걸 합쳐도
이름 붙일수 없는
까닭 없을 수 밖에 없는
마음에 익는
지진과도 같은 파문
日常의 모든일이
그것에서 도망가는 일에 지나지 않게하는
지진으로 지나가는
그 무엇.
몸을 꿰 뚫는 쓰라림과도 같은 ....

밤 별 아기

총총한 별 하늘 향해

초롱초롱 똥똥그르 눈망울 굴리니

별인 듯 아가 네 눈인 듯

까아만 눈망울에 초롱한

아기별 잠재우고

볼우물 똥그마니 머금고

배시시 웃으니

총총한 별 하늘은 온통 아가 네것,

앙쥔 고사리 손 쭈욱 뻗어

아기별 가리키며

"아빠! 쪼거 나줘"

지금은 봄이 아니어도

지금은 봄이 아니어도 좋아라.,
한겨울 꽁꽁 언몸으로 기댄
그대의 품안에서
세월이 지나도 변하지 않는
그리움을 알았다.

지금은 횡량한 땅
바람이 거세어도
내 그리움 부풀어 터지는 날
우리 사랑 설움으로 눈물 짓던
기억 뒤로 하고
부끄럼 한점없이
푸르름으로 커가는 하늘을 보리라.
우리가 흘린 눈물이
강되어 흐르고
우리들 얼어 붙었던 그리움이
서러움 머금은 꽃잎으로 피어날 때
더 큰사랑으로 피어날
하늘을 보리라.

바 람

어디가서 찾을 수 있을까
천 년의 긴 여행
웃는 얼굴은 지워지고
세상에 맏을 것은 바람뿐인데

흘러내린 머리카락
아픈 사랑의 술잔
그 신성한 상처안에
흐르는 것은 몇마디 작별뿐
어금니 깨문 바람의 생각
어느곳에 묻혀 있을 것인가

돌아와 보면 바람은 따뜻한 친구
낡은 먼지 훌훌 털어버리고
풀길 없는 욕망속에
아아, 바람은
옛날의 풍선처럼 날아가는데

어디가서 찾을수 있을까
천년의 긴 여행
오래 잃어버린 사람의
파란색 눈물 같은 것

목각 인형의 노래

나는 언제나
너의 빈터로 남아 있겠다
너의 설계에 의해서만
형체가 하나씩 드러나겠다.
아니면,
썰렁한 하오가 되어
너의 노래를 생각하면서
한치씩 한치씩 시들어 지겠다.
기다려도 노래가 스치지 않으면
무성 생식의 씨 하나를 틔우고
수없는 세대교만을 다시 기다려
정정한 나무하나가 되겠다.
하염없이 낙엽을 떨어뜨리며
또다시 너의 빈터로 남아
목각인형의 노래가 되겠다.

별 바라기

깊어가는 가을밤
힐책의 잘못마저 어두워져 가는 밤.
나 옛향기 그윽한 아카시아 나무에 서서
바람에 흩어지는 꽃잎 주워물고
갈수록 어두어져가는 밤의 이야기를 하다가
가을 때문에 보이지 않는 별과 함께
슬픔은
이슬맞은 달빛에 표현한다.

희망찬
달빛을 슬픔어린 눈빛으로 보고
우울에 쌓여진 마음으로
떠가는 별을 하나 둘 헤아리며
기도와 용기로 서러움을 버릴 때
벌써 국화향기는 엄숙해 보이고
별만이 흩어지는 하늘밑에
나는 나는 홀로 핀 별 바라기
아카시아 나뭄밑에 이슬먹고 사는
희망의 별 바라기

한잔의 Coffee

침묵에 싸인 한잔의 커피.
파수꾼은 처절하도록 쓸쓸했다.
바깥은 하얗게 눈으로 덮히고
눈꽃은 덩실덩실 춤을 추고,

은빛 모래사장에 대고의 적막이 흐를 때
추억이 웃고 지나간 자리.
또 말문이 막히고
한잔의 커피는 슬픔으로 식어간다.

텅빈 가슴속으로
한모금, 설움을 마신다.

고 백

고통이 파문이 되어 떨어지던 때
꽃가루속에 묻은 얼굴로
외로움 삼키며 떠나갔네.

눈동자 그윽한 곳에
스며든 사랑에의 파문은
나의 발걸음을 멈추게 했고
눈물짓고 돌아서는
아쉬움에 못이긴 서글픈 발걸음은
내 가삼의 흔들림을 전하는 무언의 몸짓이었다.

마음속에 젖어드는 슬픔을
웃음으로 지워버리기엔
너무도 해맑은 너의 모습이었다.

젊음아!

아직은 헤아릴수 없는
이땅의 현란함 속에서
세류의 흐름을 멀리하고
상념에 지쳐버린 체념의 노래가
가난한 젊음들을 거울속에 던진다.

슬퍼하라. 나만 울음으로만 슬퍼하지마라.
촛불 밝히던 손으로, 원초의 흰가슴으로,
그리하여 전신으로, 전부의 영혼으로 슬퍼하라.

허나, 젊음아.
이제 슬픔도 접으려므나
푸름의 내일 그먼 향기를 위해
다시 시작하는 하늘을 우러러 보며
젊음의 나룻배에 돛을 올려라.

가늠못한 염원과
안정잃은 두손이지만 곱게 모아 기도하라.
뜨거운 심장의 불꽃이
안으로 안으로 타오를 때
나의 사람들은
녹색의 줄기를 닮으며 살으리.

녹슨 목마

흔들리는
낙엽의 소생을 기다려
가만히 멈추어 섰다.

상념에 지쳐버린
체념의 노래가
아픈 가슴 열어
여린 눈물을 비추이고
무한한 공간에
다시
희미한 반복은
숨길수 없는 천고의 몸부림.

환한 전날의 폭소가
녹슨 아픔을 자극할 때
목마는
그렇게 웃어 보일 수 없나보다.

너에게 부치는 노래

옷깃을 스미는 서늘한 바람,
이 바람을 타고, 이바람이 멎기전에
내 네게로 가마.
한줌 미풍의 속삼임에 귀 기울인채
영롱한 눈망울에 이슬 머금을 이 계절의 너에게
맨발로라도 뜀박질 해가마
내 네게로 가마
허트러진 자세 바로잡고 곁에 앉으마
그리곤 내 마른손으로 네 고은손을 꼬옥 쥐어주마.

내 노래가
거센 세파에 휩싸여 물보라 되어도
난 노랠 부르리라
이 계절이 나를 떠날때까지
아마
불빛 마저 앗아가는 쉰 목소리로
한치 옷자락도 젖어버린 눈시울 인채
오늘도 난 네게 노랠 보내노라.

외로움

한 잎
피어오르던 꽃잎이 지고
작은 아픔이 파도를 연다.

송이져 꽃보다 이는
꽃보다 이는

낮으로 하늘가에 숨어
어둠속에 한없는 그리움 짓고

뭇별은 무너져 멀리는 흐르는데
보일 듯 반짝이는 잃어버린 별.

구름에 가리우다 달무리 지면
외로운 창마다 흐르는 노래.

가슴 사위며
보내던 달빛은
저렇듯 동그마리 외로웠다고.

빈 수레

남은 마지막 한 장의 엽서
나를 생각하는 사람에게 띄우노라.

이작은 엽서에
나의 마음을 쓰기에는
너무나 작은 엽서이다.
답장오지 않은 편지짓는 너무나 밉다.
그래서 이 작은 마음의 엽서를 쓴다.

씨뿌린 해바라긴 고개들지만
난 씨뿌려 고개 들 수 없다.
지금 난 고개숙인 하나의 해바라기 이리라.
자연속의 해바라긴 알이 있지만
마음의 해바라기는 속이 빈 수레에 지나지 않는다.

정말 이 작은 엽서에 다쓰기엔 무척 어렵다.

마음의 해바라긴
가을의 낙엽지듯 어려운 시기이다.

별 아가

땅에 내리고 싶은
별아가의 꿈인양
밤새도록 설레이다가
눈물로 맺혔다.

꿈만꾸다 깨져버린
별아가의 슬픔인양
꽃잎에 대롱대롱
눈물로 맺혔다.

땅나라로 향한마음
아기별의 꿈인양
다음날을 기대하여
이슬로 반짝인다.

새 벽

첫기차 소리에 놀라깬
대합실에서 졸던
새벽이

교회 종소리에 실려 퍼지면
귀밝은 아기
눈 부비며 엄마를 깨워 놓는다.

엄마는 새벽을 싣고 달리는
자동차 소리
귀에 담다가

부엌에서
딸그락 딸그락
어둠을 씻는다.

골목에 숨었던 새벽은
발자국 소리에 달아나고

대문 틈으로 떨어지는
신문이
아침을 배달한다.

스무 아흐레

하루, 이틀, 사흘…
… … 스무 아흐레,
하냥 커져가는 그리움에 몸을 떨게한 소녀야
흰거품 입에문 보랏빛 파도가 달빛에 출렁인다.
소금애늠 안고 오는 바람은 훈훈해 졌고
옛 그리움의 해변 바우위엔
잊을수 없는 소녀의 흔적조차 없구나.

내 발길은 그 가늘던 손목을 잡으려고 이밤도
달빛에 젖은 자갈길을 거닐고,
마음은 밀려오는 그리움에, 홀로 한겹 한겹
밀려드는 보라빗 물결에 온정을 쏟는다.

어둠이 수줍은 소녀같이 내 주위에서 맴돌다

파도야 말해주렴
파도야 전해주렴
내그리운 소녀의 마음을,
파도야 들려주렴
스무 아흐레 째 잠들어 있던 소녀의 목소리를…
하루, 이틀, 사흘…
… 스무 아흐레의 밤도 깊어간다.

황혼의 넋두리

태양의 정열은
소녀의 눈망울 적시고
먼길을 떠났습니다.

못 내 그리움속에
애타던 세월은
진정 숱한 미련만 남겨두고
애꿎은 태양만 원망하면서
아스라히 하얀길을 떠났습니다.

작열하는 불꽃은
태양을 삼키고
연두빛 하늘이 흑갈색으로 변할 때
외가리 소리 사라지는
고개를 삼키며 떠났습니다.

나를 울린다면

꽃을 먹고 싶었다.
영원한 아름다움을 위해서
봄날이 나른한 날개를 떨 때
즐거운 꿈은 나에게…
꽃을 먹고 싶었다.

태양을 삼키고 싶었다.
영원한 정열의 꿈으 키우며
삼복의 오수를 즐기는 나무들 사이
뜨거운 나의 꿈은 언제나…
태양을 삼키고 싶었다.

낙엽지는날 울고 싶었다.
어디서 어디로 가는지
딩굴다가는…
우수수 얼굴 붉히며
어디론가 가고만 싶은 마음
울고 싶었다.

흰눈이 나리는 날,
눈을 맞으면서 걸었다.
내 마음 속속들이 파고드는 하얀 결정체
그 속에 묻히고 싶어하며…

영원한 꿈과, 정열, 수줍음까지
속에 꺼져가는 촛불을 바라보면서
끝까지 나를 울린다면

기 다 림

무지개 피는 언덕에 나는 앉았노라
흰구름 피어오르는 언덕에 나는 앉았노라

저녁 붉은 노을이 나의 마음 비추고
붉디 붉은 꽃을 생각하는 나의 마음에
꽃이 피노라.

정든 임잉여!
다정한 임이여!

그대 나의 마음으로 돌아온다면
나는 그대오는 길목에 서서
그대를,
그대를 반가이 맞이 하겠노라.

꽃은 그린 리봉과 함께

분홍빛 꽃을, 연두빛 앞을
밝디 밝은 봄의 천사들이
연 분홍색 리봉위에
즐거운 얼굴로 여기저기 뿌려줍니다.

산들바람이여,
그 리봉을 너의 날개에 날리다가
나의 소중한이의 옷깃에 예쁘게 매어다오
풀내음 취했던 소녀는 벌떡 일어나
청초한 호숫가로 달려간다.

장미꽃에 싸이여
자신도 막 피어나는 장미같아 보이리라
미소에 싸인 그 얼굴
사모하는, 사모하는 사람이여!
그것만으로 나는 충만하다오
이 깊은 곳으로 고동을 느끼게 해주오
그 손을 잡게 해주오
그리고 우리를 맺는 끄나풀이
연약한 장미의 리봉이 아니길,
아니길...

향 연의 등불

언젠가 뽀오얀 불빛들이
하나같이 가엾은 모가지로 단장하고,
빨강, 노르락 스러이
춤추듯 방황하는 묘한 집시의 생활로
헛된 부름에 있기에

향긋한 건초 속 인양
상기된 처녀의 입술처럼
수줍은 가슴팍을 조이고
나의 밀림 수놓을 때
다소곳이 내뱉는
너의 애타는 부름 있기에

여기 희미한 잿빛 구름속에
향연의 등불을 켜노라.

바 다

눈을 뜬다.
붉은 아침햇살이
소망에의 여명처럼
가만히 가슴에 앉는다.
고요한 새벽이다.
허공을 가르는
갈매기의 비행이 한가롭고
새벽을 가름하는
어부의 노젓는 소리 홀로 흥겹다.
잔잔한 수면위에
가끔 허연 배 내민 고기가 퍼뜩인다.
악동하는 아침들의 모습이다.

눈을 뜬다.
중천에 솟은 태양이 따사롭다.
반사하는 햇살에 눈이 부신다.
가만히 닻을 내리고 뱃전에 기댄다.
한 모금 내뱉는
곰방대의 휴식이 한가롭다.
질끈 동여맨 머리 수건풀고
살포시 피곤한 기지개를 켠다.
바람안은 돛안이 한가하다.
침묵이 포화되어 버릴듯한
한 낮이다.

바다는 여전히 잔잔하다.

어둠은 사라지고

찬란히 빛 발하는
이른 아침동산의 품속에서 주운
반짝이는 이슬로
사랑모양의 목걸이 엮어
너의 가는 목에 걸면
청초한 백합화 처럼 어여쁜 너의미소
아름다운 이 아침을 산새도 노래하누나

주홍빛 하늘을 머리에 이고
이른 아침 들판에 엇서
흐르는 보랏빛 구름을 종이 삼아
손가락으로 너의 모습 그리면
바람을 따르는 풀내음 처음
싱그러운 너의 미소
아름다운 이 아침을 들새도 노래하누나.

촛불

소녀의 애절한 그리움인가
안으로 안으로만 가슴저리고
끝내는 한마디 말도 못하고 떠나버린 너.
소리 없는 통곡이여.
애절한 부름이여!

밤새운 너의 기도 내 어찌 모를까마는
나 여기서 너를 태워 밝힌
그 아픔의 밤을 어찌 잊을까마는,
끝내는 너와 나의 이루지 못할 정이련가
너의 상처남긴 자리에서
내 동공은 흐려진다.

生 命

온고히 선 한 꽃송이!
바람따라 살랑살랑 나부끼는가 하면
센 눈보라도 견디어내는 희귀한 꽃송이

찬란히 피었닥 꺽이는
시들어 죽어가다 새로이 살아가는
또는
채 피지도 못한채 꺽여지는 가련한 꽃송이

누가 이 꽃송이의 운명을 점칠수 있는가
오로지 하늘의 뜻이니
곱게 피우려 애쓰기에 알렸음이라.

이 귀한 生命!
영원치 못한게 천추의 한인 것 처럼
生命은,
일생을 조용히 보내고 있다.

해 뜨는 벌판

아침나절 새들이,
밤새 피는 꽃들이,
해뜨는 벌판에서 노래부른다
너와 나도 한번쯤
꽃이되고 새가 되어
맑게 씻은 마음으로 노래부르자.

'새처럼 즐거웁게
꽃처럼 고웁게'

마른땅을 차오르는 새들의 소망으로
이슬속에 젖어피는 꽃잎의 사랑으로
너와 나도 한번쯤
꽃이 되고 새가 되어
밝게 웃는 마음으로 노래부르자.

하 늘

땅속에 내리었던
고마운 햇살들이
눈부셔 솟아올라
옥빛이 되었고나

고운 땀방울 모여
증기되어 피어 오르니
거기 가득 담긴 꿈
호수되어 고였고나

떨어진 잎새마다
고인 눈물 사루어
점점이 뿌려진
흰 넋이 되었고나

온세상 숨소리
네 몸속에 가득 담고
인제는 돌아누운
네 모습속으로
나는 또다시
내봄 기다리며 살아가련다.

오 · 륙 · 도

계절을 잊은 듯 따사로운 햇살사이
넘실나는 금빛 화지 위에
고즈넉이 날아갈 듯 앉은 넌
세시를 잊음인가, 노닐기를 잊음인가

네 모습 보고서 눈길 돌리면
수줍은 듯 눈길 감추어 다섯인가, 여섯인가
내 살과 떨어짐은 백록품은 제주도와 다름이랴
잃을 듯 되찾은 독도와 다름이랴

떼놓은 피붙이도
너도 정녕 고귀한
내 살인가 하노라

언젠가는 이밤도.

보지도 않고 듣지도 않는다.
두고 보러가, 내 두고 보리라.
오로지 나는 오늘도 살아 남을 뿐이다.

낮이면 묵묵히 세속에 묶이고
고단한 밤에는 몰래 술을 마신다
촛불을 켜놓고 마시는 이 눈물,
그러나 나는, 내 체질은 맥주주의다
내게 소주를 먹이는 자는 도대체 누구인가
어리석은 양심인가, 침묵하는 사랑인가.
보이지도 않고 들리지도 않는다.

두고보아라, 정말 두고 보아라.
촛불처럼 타면서 마시는 이밤.
언젠가는 이밤도 살아 남을 것이다.

머물고픈 …

밤은 또 오려나
영혼과 가까워지는 길목을 넓히면서

밤은 두려운 실상이다.
젊음 그리고 사랑을 야금야금 갉으며
죽음을 늪을 키우기 때문에.

무성한 밤, 그러나 냉혹한 밤이여
형체도 없고 냄새도 없는 시간
신의 힘을 빌려서라도
너를 침대에 쓰러뜨리고 싶다.

죽음의 이정표, 밤이여!
너는 어행을 즐겨다오.
그리하여 집시처럼 떠돌다
어디서든 머물러다오.

나도 이 계절과 타협하고
안식의 날개를 접고 싶다.

도약 에로의 몸부림

망각의 몸부림이
도리질 하는 순간에
허공에 떠도는 미련을 따라
달빛 쏟던
광장의 밀어를 되씹으며 푸념한다.

가련한 속삭임의 자취가
예리한 상처를 그을 때
절제와 체념의 여유속에 성장해온
작은 인연의 조용한 눈물마저
망울진 전설의 여운으로

어둡던 사색의 등불 이었기에
사라져간의미와 함께
새날을 장식할 다음 계단에
올라 설 수 있었다.

너에게

너는 내 가슴속에 조그만 물방울 하나를 떨구고
나는 그 물방울 위에 작은 곡선하나를 띄워 노를 젓는다.
이대로 머물러 있으렴

나에 소중한 것은 너의 사랑과 의지.
그리고 상냥한 미소뿐.
그러나,
너의 눈빛은 스쳐가는 바람처럼 내곁을 떠나려 한다.

내마음 깊은 곳에 감추어진 마술램프
램프 심지에 불을 댕기면
파란 연기속에서 너의 모습이 보인다.

살아 있는 것이 모두 잠들어 꿈을 꾸듯
살아 있지 않는 모든 것들이 깨어나듯
너의 모습이 보인다.

유리창에 입김을 불어 글을 쓰고 싶다.
너에게...

기다리는 마음

이렇듯
애타게 그리우면서도
같은 하늘밑 멀지도 않은 곳에서
무엇인가 막는 가로지름이 있어
엄연한 거리를 두고
건너야만 하는 너와 나 사이.
그것은 정녕 산도 강도 아닌
너와 나만이 아는
길고도 짧은 어떤 사연이 있어
사연은 언제나 슬픔에 젖어 있다
그러나.
강물 마냥 흘러가는 세월속에
그 어느때고 만날날을 기다리는 마음은
어느 꽃피는 자리를 만들기에
오늘도 가벼운 희열을 느낀다.

또 하나의 시작을 위해

긴 시를 써보렴
정열의 본질에 대해서
오만과 원죄에 대해서
젊음과 진실과 그리고 영원한 사랑의 순화에 대해서
그 속에서 生의 법칙을 찾아낼 수 있으리라.
그 본질과 진리를…

운명과 우연의 끈을 항상 쥐고서
살고, 생각하고, 느끼고, 사랑하고,
발견해보려므나.

뜨거운 가슴의 불꽃이
안으로 안으로 타오를 때
너희는
녹색의 줄기를 닮으며 살 수 있으리라.
가늠 못할 염원과
안정 잃은 두손이지만 곱게 모아 기도해 보려므나.

다시 시작하는 하늘을 우러러보며
젊음의 나룻배에 돛을 올리자.

푸름의 내일, 그 먼 향기를 위해

새로운 천년의 시작

찬란한 빛 발하는
새천년 아침 산의 품속에서 주운
반짝이는 이슬로
희망 모양의 목걸이 엮어
너희의 젊은 목에 걸어주면
해맑고 청초한 너희의 건강한 미소들이
찬연한 새천년의 희망을
노래하리라.

– 정신적으로 한껏 성숙해 돌아올
너희와의 만남을 기다리며 –

노랫말1.

동산에 달떠오며
생각나는 어머니,

내 어릴적 어머니
이 동산 오르시며
날 안고 하시던 말
내 아긴 달 같구나

이자식, 자라서
홀로 동산 오릅니다
생각나는 그말씀
그리운 어머니,

동산에 달 떠오면
그리움에 웁니다.

노랫말2.

사랑 주고픈 노래
아름다운 나의 노래를
그대 드리고 팠지
온 세상을 모두 드리리.

사랑 주고픈 노래
아름다운 나의 노래를
사랑하는 마음만큼
그댈위해 부르고 싶어.

몇번이나 뒤돌아앉아
한참이나 귀기울이고

그대만 좋으면 돼
빛깔만 고우면 돼

사랑 주고픈 노래
아름다운 나의 노래를
그대 드리고 팠지
온 세상을 모두 드리리.

그네들을 위한 노래

여기 나의 아이들이 있다.
그네들은 나를 교수님이라 부른다.
그네들의 눈은 하늘 같이 맑다.
그네들은 싱싱하면서도 애련하고 명랑하면서도
애수를 깃들이고 있다.
지성적인가 하면 어리숙한 데도 있다.
성급하면서도 기다릴줄 알고,
자존심이 강하면서도 수줍어 할줄 알고,
양보를 아니하다가도 밑질 줄 안다.
그네들은 아름다우나, 그 아름다움은 사람을 매혹하게 하지 아니하는 푸른 나무와도 같다.
그네들은 예의적인 인사를 하기도 하지만
마음에 없는 말은 아니한다.
그네들은 남이 감당하지 못할 기대를 하게 하여
실망을 하지 아니한다.
그네들은 마음의 허공을 그대로 둘지언정
아무것으로나 채우지는 아니한다.
그네들은 자신들의 힘이 닿지 않는
광막한 세계가 있음을 알고 있다.
그네들에게는 울고 싶을 때 울 수 있는 눈물이 있고,
가슴에는 고갈하지 않는 윤기가 있다.
그네들은 한시간 내내 말 한마디 아니하는 때가 있다.
이런 때라도 그네들은 같이 있는 사람으로 하여금 그 시간을 헛되이 보내지 않았다는 기쁨을 갖게 한다.

성실한가슴, 거기에다 외로운이의 머리를 눕히고 살 힘을 얻을 수 있고, 거기에서 평화롭게 죽을 힘을 얻을 수 있게 하는 그런 가슴을 그네들은 가지고 있다고 나는 믿는다.

그네들은 영혼의 존엄성, 진리와 아름다움, 사랑과 기도 이런것들을 배우고 믿으려고 오늘도 애쓰는 나의 아이들이다.

나는 이들을 '사랑하는 나의 자식들'이라 부른다.

Epilogue : 소통의 다른 문이 열리리라 믿으면서...

하나, 둘씩 떠나보내야 할 **학번들을 생각하며...

은선

은은한 색깔이 어울리듯
선한 모습을 한 널 항상 기억하마

영미

영글어져 가는 너의 모습은
미소로 남아 있겠지

민희

민망함을 감추기 위해 늘
희죽 웃던 넌 또 하나의 좋은 기억이 되리라.

상금

상큼아! 라고 부르며, 늘 그러기를 바랬다.
금새라도 울 것 같은 큰 눈망울이 떠오를 것이다.

여진

여린 마음을 가진줄 알았었는데
진짜 너의 모습은 강한 아이였지

윤숙

윤활유 같은 부드러운 남자를 만나는 것이
숙이에게는 어울릴 것 같다.

효선

효소는 발효기간이 길수록 가치가 있듯이

선하고 부끄럼많던 너의 가치도 시간이 지날수록 익어가리라

옥례

옥례하면 **이가 떠오르고, 또 옥

례하며느 성실함으로 기억되는 구나

병환

병정놀이 하듯 늘

환한 웃음으로 학교생활 하던 널 기억하마

정애

정이 가득 가슴속에 있어

애정 담긴 미래를 설계할 수 있겠지

소영

소박하면서도 자신감 있어 보였지

영원히 변치 않는 너의 색깔을 간직 하길…

효정

효정이에겐 보다 많은 얘길 못해 미안하구나

정이 많은 사람은 눈물도 많다 했지만, 그건 착하다는 것이란다.

선영

선녀를 찾던 잘생긴 네 남자친구와

영원할 수 있는 사이가 되길 바란다.

엘리사

엘리사, 학교에선 늘 똑같은 모습이었지만
리본 장식된 사연 담긴 선물 상자처럼
사랑의 사연을 가진 것 같은 눈망울을 기억하마

성숙

성스러운 수녀님 같은 이미지를지녔던 너도 이젠
숙성된 모습으로 떠나는 구나

나현

나를 잊고 남을 생각해 주었던 너 아마도
현모양처가 될 수 있을 거야.

강운

강한 정신력을 가진 남자로
운명을 헤쳐나갈 수 있기를...

명자

명자(?) 진한이란 이름보다 내겐 더 친숙했다
자신의 일을 말없이 해내던 모습 기억 할게

소영

소담스럽게 피어나는 이름 모를 꽃처럼
영명한 아이 마음 같던 널 생각 하겠지

정순

정말 매력적인 여성은
순박한 마음씨를 가진 정순이 같은(?)

진희

진정한 아름다움은
희고 맑은 마음이란걸 알고 있는 너로 기억할 수 있기를

사연

사연도 많았구나, 생각해보니
연하면서도 강인한 여성으로 성장하길...

승은

승리한 사람의 인생속에는
은은한 끈기가 뿌리를내리고 이음을 잊지 말기를

정복

정겨운 얼굴이었지, 늘
복많은 네모습 항상 기억하마

연숙

연한 갈색 느낌을 가진 너의 이미징
숙련된 능력만 합쳐진다면 금상첨화 일거야.

자영

자신감을 잃지 말고
영글어 가는 자신의 모습에 충실하려므나

금구

금빛나는 화려함 보다는 항상
구수한 모습을 가졌던 널 기억할게다.

광순

광속구 같은 너의 사랑과 인생에
순명하는 마음으로 살아가길 바란다.

봉희

봉긋 새움트듯, 늦게였지만 너의 자리를 찾았었지
희망 품은 사내의 앞길에는 거칠것이 없단다.

병제

병아리 인형("I love you"하던)가지고 다니면서
제일 성격 좋던 네겐 꼭 행운이 함께 했으면

안순

안산에서 온 자그마하고
순박한 우리 안순이 파이팅!

진영

진짜 네게 도움이 되고 싶었는데
영점 스승이 아니엇나 싶어 아쉬움이 남는다.

은애

은빛, 건강한 색깔, 그래 네게 꼭 어울리는 색인 것 같다.
애쓰던 변함없는 네 모습을 기억하마

주연

주인공이 되어라 어차피 인생이라는
연극속의 주인공은 바로너 일테니

혜정

혜성같이 나타난 동혁이 군대보내고
정말 힘들겠지만 잘 이겨내려므나

윤미

윤활유 같은 역할을 할 수 이는 사람,
미인이기 보다는 꼭 필요한 사람이 되었으면

희경

희망품은 너의 이웃들에게
경사스런 일들만이 있기를 기도하마

대명

대수롭지 않은 것들은 떨구어 버려라
명성은 얻는 것이 아니라 만들어 가는 것 일테니

유진

유난히 어려보이던 네가
진정 모든일을 잘 해낼 수 있었으면 한다.

필준

필요한 사람이 되어라
준비된 사람은 가정에서나 사회에서나 꼭 필요한 사람일 것이다.

철웅

철저한 계획과 노력없이는 결코
웅대한 네 꿈을 이룰 수 없음을 명심해라

정희

정말 끝까지 너를 공주라고 불러주고 싶다.
희고 깨끗했던 네 마음을 생각하면

영지

영원한 사랑을 얻는다는 것은 결코 쉬운일이 아니지만
지고지순한 사랑의 열매를 얻으리라고 나는 믿는다.

현정

현란한 도시속에 묻힌 우리네 모습이
정말 부질없는 것임을 알게 되었으면 한다.

혜련

혜련이 제일먼저 취업나가 많이 힘들었겠지만 이젠 숙련된 전문인이 되리라 믿는다.

경미

경솔한 친구들의 크고 작은 잘못들에도 늘
미소짓던 넌 참 착한 아이였다.

은화

은혜주신 모든 분들게
화답하는 마음으로 살아가길 바란다.

미연

미소띤 모습이 가장 잘 어울렸던 너였지만
연약해 보였던 것이 항상 마음에 걸린다.

영미

영원한 꿈을 이루기 위해 인간은 누구나가
미완성 인생으로 살아 가는 것이 겠지

창혁

창창한 앞날을 위해 꼭 거쳐가야하는 군대에서
혁혁한 공을 세우고, 건강하게 제대하기 바란다.

영민

영민하다는 말은 어릴 때 많이 들었을 것 같은 너에겐
민완하고 정이 많은 왕자님이 어울릴 것 같아

은아

은은함이 갖는 가치가 얼마나 큰지
아직은 모르겠지만, 이게 곧 알게 되리라 믿는다.

세화

세속에 찌들지 않은 모습이 무척 좋았다.
화안한 미소가 늘 함께 하길 바란다.

떠나는 **학번을 기억하기 위해

은순

은은한 향기가 오래가듯
순하디 순한 너의 한결같은 모습은 오래 남을게다.

민숙

민망함을 감추려는 듯 늘
숙이고만 있던 모습이 기억되리라.

태규

태산처럼 높아 보이는 목표도
규율과 규칙 속에 일관된 네가 못 이룰 것은 없으리라.

수정

수수함 속에서 우러나는 매력이
정말 값진 것일 것이다.

정란

정의 따뜻함을 알고 있으니
란(난)초 같은 고고함을 지닌다면 금상첨화이리라.

은영

은빛 날개 달린 천사가
영롱한 눈망울 속에 진실만 담고 있다면...

인혜

인내할 줄 아는 마음과 세상을 바로 볼 수 있는
혜안을 가진다면 더 바랄게 있겠는가.

연숙

연꽃 닮은 작은 소녀가
숙성해 가는 모습을 다 보지 못하였구나.

미옥

미소가 항상 떠나지 않은 밝은 모습은
옥구슬의 변치 않는 빛깔과 비길 수 있지 않을까.

진환

진하게 소주 한잔하기도 힘들었지만
환한 웃음으로 머리 긁적이던 네 모습은 오래 기억될 것이다.

광철

광야에 홀로 있는 듯 고독한 모습이었지만
철철 넘치는 열정이 네 속에 있음을 알고 있었단다.

민숙

민들레 꽃 닮은 변함없던 너도 이젠
숙성한 모습으로 떠나겠지.

주희

주인공이 되려 하기보다는
희망을 주는 조연으로 남는 것이 더욱 빛나리라.

미숙

미완성 인 채로 살아가는 게 인생이겠지만
숙성되어 가는 모습이 아름다운 것이겠지.

기은

기운찬 천하장사, 마징가 Z처럼 생기진 않았지만
은근하고 한결같은 너의 슬기가 빛을 발할 수 있으리라 믿는다.

점미

점진적으로 나아져가던 너의 모습을 보며, 혼자서
미소를 짓곤 했단다.

윤미

윤활유 같은 역할을 해줄 것만 같은 넌
미소가 참 밝은 아이였다.

윤남

윤택함을 누리려는 소망의 성취를 위해서는
남다른 노력이 있음을 알아야 한다.

정은

정이 많아 눈물이 많은 듯 했지만
은혜로움에 감사할 줄 아는 너로 기억 될 것이다.

수련

수다스럽지 않아 평범한 듯 했지만
련(연) 꽃이라 했던 너의 글을 늘 기억하고 있단다.

명숙

명성은 얻는 것이 아니라 만들어 가는 것이므로
숙련된 능력만 있다면 못할게 있으랴.

정남

정성을 다하고
남달리 열심이었던 모습을 기억한다.

정미

정결한 마음의 한결같음이
미(美)의 참된 가치 일것이다.

은주

은근함으로 항상 열심이었던 너는 늘
주인 없는 자리를 채워주곤 했었지.

민정

민첩하고 능력 있는 왕자님 만나
정을 듬뿍 나누며 예쁘게 살 것 같애.

수영

수수한 웃음을 늘 잃지 않던 넌
영원한 꿈을 이룰 수 있을 게다.

왕규

왕입니다요! 딱딱하고 정해진
규범속에서도 나이어린 동생글과 잘어울리던 너의 모습이, 왕입니다요!

상학

상큼한 마음으로 새로운 출발을 하자
학이 너는 재주가 많으니 가능할꺼야.

선민
선한 눈망울과 미소를 가진 너는
민둥산에 가서도 꽃을 피울 수 있으리라.

동혜
동료들과 잘어울릴수 있도록
혜안을 갖게 되길 바란다.

선욱
선하고 부끄러움 많아 금새 하얀볼이 붉어지던
욱이의 참가치가 시간이 지나면서 익어가리라.

진영
진정한 아름다움은 변함없이
영롱한 아이 눈망울 같은 맑은 마음에 있겠지.

지헌
지고지순한 사랑의 열매를 맺기 위해
헌신적인 모습으로 살아갈 지헌 이라고 믿는다.

효정
효정이완 많은 얘긴 못했지만
정이 많고 착한아이란 걸 알고 있단다.

은미
은은함이 갖는 참된 가치를 깨닫고
미인이기 보다는 어디서나 꼭 필요한 사람이었으면...

저자약력

구 헌 철

◎ 문학박사 (부산대학교 대학원 영어영문학과, 영어학전공)
현, 대원대학교 국제관광항공계열 학과장 교수
대원대학교 국제교육센터 센터장
Mobile: 010-8849-6744
E-mail: drkoo@dreamwiz.com

⊙ 주요저서

- 실용영문법
- Essential Hotel English
- Practical English for Collegians
- 취업실무영어
- A-one Tourism English
- One by One TOEIC L/C
- One by One TOEIC R/C
- 호텔실무영어
- 대학활용영문법
- 대학취업영어
- 호텔과 카지노 영어
- Multimedia Lab English
- One by One New TOEIC L/C
- One by One New TOEIC R/C
- One by One New TOEIC Master
- 국제매너와 에티켓
- 실용영어회화
- Practical Tourism English Conversation
- A-one master TOEIC
- 호텔리어,필수영어
- 여행항공실무영어
- Alpha Basic TOEIC
- Image Making English Conversation
- 취업과 성공
- 글로벌 매너
- 항공서비스 매너
- 커뮤니케이션 스킬과 소통
- Image-Training & Meditation

⊙ 주요논문

- 영어의 생략현상 (박사학위논문)
- 영어의 통제현상과 고찰 (석사학위논문)
- POSS-ing와 ACC-ing의 구조
- 영어의 도상성에 관한소고
- 영어의 생략에 대한 이해
- 담화구조와 생략
- 생략과 원리
- 영어구문에서의 정보의 중요성
- 전문대학 관광영어교육 개선의 필요성
- 영어의 ACD 구문에 대한 고찰
- 전문대학 영어교육의 특성화
- 영어의 생략구문 분류에 관한 소고
- 최소주의이론의 변천에 대한 소고
- 통합적 접근과 주제화/추출 제안
- 영어교수법의 변화와 communicative teaching approach
- 자연적 교수법과 영어교육
- 자연적교수법과 자기효능감
- 소그룹 지도를 통한 영어기초의사소통 능력 함양
- 명상과 Image-Training 학습법

소 통

2013년 3월 20일 초판1쇄 인쇄
2013년 3월 25일 초판1쇄 발행

저　자　구 헌 철
펴낸이　임 순 재
펴낸곳　**한올출판사**

등록 제11-403호
121-849
주　　소　서울시 마포구 성산동 133-3 한올빌딩 3층
전　　화　(02)376-4298(대표)
팩　　스　(02)302-8073
홈 페 이 지　www.hanol.co.kr
e - 메 일　hanol@hanol.co.kr
정　　가　15,000원

▫ ISBN 978-89-98636-20-3